「戸籍」
人権の視点から
考える

編集・発行
反差別国際運動（IMADR）

はじめに

　日本の戸籍制度は固有で、他国の住民登録制度とは大きく異なります。日本国籍者であることを前提にし、戸主単位で作られ、その家の系譜の記録にもなるこの制度は、特定のマイノリティ集団への差別に加担してきたのではないでしょうか。

　例えば、戸籍に記載された本籍地や家族関係を調べることで、これまで数えきれないほどの部落差別が行われてきました。日本も加入している国際人種差別撤廃条約の第一条は、差別の根拠の一つに世系（血統や系譜）を定義しており、国連は、部落差別は世系に基づく差別であると見解を出しています。

　戸籍制度はどのような目的で作られ、どのような役割を果たしながら、現在に至るまで維持され機能してきたのでしょうか。どのような問題をもたらしてきたのでしょうか。反差別国際運動は、戸籍制度の歴史を振り返り、この制度がもたらす問題に取り組んできた研究者および活動家に議論をしていただくことで、現代社会における「戸籍制度」を人権の視点から実践的に明らかにする連続講座を2022年に開催しました。

　6回にわたる講座はいずれも本質を突くものであり、示唆に富み、刺激的です。各回の講演内容を文字にして、本書に収めました。一人でも多くの方々に読んでいただけることを願ってやみません。

2023年9月
反差別国際運動（IMADR）

IMADR 連続講座
『戸籍』── 人権の視点から考える

開催日	講演タイトル	講師（敬称略）
第1回 6月18日（土）	「戸籍から個籍へ、 そして人権侵害を起こさない仕組みへ」	二宮周平
第2回 7月16日（土）	「日本の植民地支配と戸籍 ──『民族』と『血統』とは」	遠藤正敬
第3回 8月27日（土）	「なぜ韓国社会は戸主制／戸籍制度を廃止したのか 被植民地秩序、家父長制解体をめざす市民の連帯から学ぶ」	梁・永山聡子
第4回 9月17日（土）	「日本の無戸籍者」	井戸まさえ
第5回 10月15日（土）	「選択的夫婦別姓はなぜ40年も阻まれているのか。 当事者の声とバックラッシュ」（本書収録なし）	井田奈穂
第6回 11月26日（土）	「戸籍とマイナンバー制度 ── 国は何を考えているのか」	遠藤正敬
第7回 12月17日（土）	ラップアップ「私はこう思う」 受講者によるフリートーク（本書収録なし）	

03

なぜ韓国社会は
戸主制／戸籍制度を廃止したのか
被植民地秩序、家父長制解体をめざす市民の連帯から学ぶ

梁・永山聡子

04

無戸籍問題とはなにか

井戸まさえ

05

戸籍とマイナンバー制度
国は何を考えているのか

遠藤正敬

戸籍から個籍へ、
そして人権侵害を
おこさない仕組みへ

［講師］
二宮周平……立命館大学法学部教授

I……「戸籍」とは何か

■「自分」を公的に証明するための制度

　まず戸籍とは何かについて考えてみましょう。人の移動と職業選択が自由になる近代社会では、人の氏名、出生・死亡年月日、国籍、家族関係などを公に証明する制度（公証制度）が必要です。日本では戸籍がその役割を果たしています。韓国では家族関係登録簿、欧米では個人別の出生証書、婚姻証書、死亡証書によって上述した項目について証明します。

　では、最初の質問です。戸籍に登録（記載）されていない人がいたとします。母親は日本人ですが、この人は日本国籍を取得できるでしょうか？　この人が海外旅行をしたいと思った時、パスポートを取得することはできるでしょうか？　交際している相手がいたとして、その人と結婚することはできるでしょうか？　みなさんの中からお答え頂ければと思います。

　「日本国籍は取れると思います。海外旅行はパスポートが取れないので難しいでしょう。結婚については、婚姻届は戸籍謄本を出さないとできな

いはずです」

　お答えありがとうございます。日本の国籍は、出生の時に父または母が日本人であれば取得できます。この質問の場合、母親は日本人なのですから、この人には日本国籍があることになります。だとすると、この人は日本人なのですから、当然パスポートも取得できて、海外旅行も可能なはずです。お付き合いしている人がいたなら、日本で婚姻することもできるはずです。

　しかしいまお答えいただいたように、それができないのです。なぜかというと、「旅券法」という法律によって、パスポートを取得する際には戸籍謄本または抄本を添えて申請しなくてはいけないと定められているからです。婚姻届も、出そうと思えば出せるはずですが、婚姻最低年齢に達しているか、重婚や近親婚に当たらないか、そうした種々のことを戸籍によって確認しなければ戸籍係が婚姻届を受理することができないのです。

　戸籍に登録されていなければ、実際に日本で生まれて、日本で暮らしており、権利と義務の主体となっているにもかかわらず、自分についての証明をすることができません。母が日本人であるのだから自分は日本国籍を取得している、だからパスポートを取れるはずだと主張しても、戸籍謄本、戸籍抄本を提出できなければ、パスポートを取ることはできないのです。独身で18歳に達しており、結婚したいと希望しても、戸籍抄本を提出しなければ婚姻に必要な確認ができないため、婚姻届を受理することができないのです。

■人権の基底としての「登録」

　たかが証明ですが、されど証明です。それが可能であることは、生まれた子どもにとってみると今後の人生を歩む上で必要不可欠なことです。ですから国連子どもの権利条約第7条では、「児童は出生の後直ちに登録される。児童は出生の時から氏名を有する権利及び国籍を取得する権利を有するものとし、またできる限りその父母を知りかつその父母によって養育さ

れる権利を有する」というように、子どもの基本的な権利が明記されています。そこで真っ先に挙げられている権利は「出生の後直ちに登録される」ということなのです。登録されるということがどれだけその子どもの人生にとって必要かということが、先ほどのパスポートや婚姻届の例でおわかりいただけたかと思います。

　しかし実際には、出生しても戸籍に登録されない子どもたちがいます。親が出生届をおこなわないのです。なぜでしょうか。三つほどの理由が考えられます。

　第一に、親の社会的な孤立、育児放棄です。意図的ではないにしろ、出生届の提出を怠ってしまう場合です。

　第二に、女性が予期せぬ妊娠をし、家族や周囲に出産を秘密にしておきたいというような事情が考えられます。熊本市の慈恵病院のケースが話題になりました。いわゆる「内密出産」です。これをなくすために匿名で出生届を出すことができないのかどうかが議論になっています。

　第三に、民法772条です。この規定によって、離婚後300日以内に生まれた子の法律上の父は離婚した前夫と推定されます。出生届を出すと前夫が父として戸籍に記載されます。DVで夫から逃れているような場合、前夫が戸籍記載から出生届書を閲覧して、妻の所在を突き止めることができるので、それを恐れて出生届を出せないということがあるのです。あるいは、いま一緒に暮らしている夫の子なのだから、前夫が父として戸籍に記載されることに納得できないという場合もあります。こうした理由から、出生届を出せないという人が存在するのです。

　人は戸籍に登録されていなくても存在します。民法の規定では、人が出生すれば権利を有し義務を負う、こうした資格が出生と同時に生じます。しかし公的な場面では、戸籍によって証明を求められる場合が多いため、無戸籍者は学校にも行けない、正規の仕事にも就けない、結婚もできない、生活保護や行政の支援も受けられない、そのように思い込んでしまうことが多かったのです。そう思い込んでしまった人たちは当事者や家族だけでなく、行政の窓口にも少なくありませんでした。

　そこで、第4回の講演を担当する井戸まさえさんたちの市民運動や、

NHKテレビ『クローズアップ現代』で2回、無戸籍者の問題が取り上げられ、メディアの報道によって、国の対応も変わりました。2015年頃から、政府や自治体の対応が始まり、現在では無戸籍でも住民登録、国民健康保険証の取得や、児童手当等の受給、乳幼児健康診査や予防接種の受診、保育所・幼稚園への入所・入園、小中学校への就学及び就学援助など、各種の行政サービスを受けることができるようになりました。ですがそれまでは、単なる公的な証明方法にすぎないはずの戸籍が人の権利を失わせることになっていました。それほどの影響力を戸籍は持っているのです。それはなぜなのでしょうか。

II……「戸籍」と家制度

■日本社会の近代化が要請した「戸籍」

　人々を何らかの帳簿に登録するということは、奈良時代、平安時代からおこなわれてきたことです。しかし、全国民を対象とした統一的な戸籍制度と呼べるものは1871年4月に設置されたものが最初です。ただし天皇皇族を除きます。この明治4年4月4日の太政官布告では、次のようなことが書かれていました。「戸数人員ヲ詳（つまびらかに）ニシテ猥（みだり）ナラサシムルハ政務ノ最先シ重スル所ナリ」というのです。1872年から施行されました。その年の干支が壬申（みずのえさる）だったことから、壬申戸籍と呼ばれています。

　なぜ、戸数人員を詳らかにする必要があったのでしょうか。それは、明治維新後、年貢米ではなく、所有する土地の値段を基準に税額を定め、お金で納める徴税方式に変更したこと、20歳以上の男子（長男を除く）に兵役義務を課す徴兵制度を設けたこと、明治初期の治安の悪化に対応するために、どこに誰が住み、誰と暮らし、どのような家族関係にあるのか、土地を所有しているのかなどを把握する必要があったからです。つまり国民の現状把握が必要でした。現状把握ですから、実際にその住所で暮らしている家族を登録します（現況主義といいます）。これが人権侵害に関連して重要

な要素となりますので、みなさんの記憶に留めておいてください。

　次に、どういう基準で家族を登録したか、です。戸籍に登録される人について順序が設けられました。「戸籍同戸列次ノ順」といいます。尊属・卑属、直系・傍系、男・女という序列に従って記載しました。そして一家の長である「戸主」、その当時は戸主という文言それ自体はありませんが、戸主に家族の出生・死亡・婚姻・縁組などを届け出させるという仕組みにしました。戸主の役割が明らかにされました。出生から婚姻・離婚・縁組などに関することを戸主が届け出ることは、戸主が家族を統括することを意味します。家族内に先ほど述べたような序列が設けられたので、単なる現状把握ではすまない側面がありました。

　やがて日本社会は近代化していきます。殖産興業・富国強兵です。職業上の理由などから居住の移転が増加し、戸籍で家族の現状を把握することが困難になっていきます。人の出入りが増えるからです。また、社会生活を送る上で、氏名、出生・死亡年月日、国籍、家族関係などを証明してもらう必要性が高まっていました。現状把握としての戸籍から、自分で戸籍に登録し、家族関係をはじめ、さまざまな事項を証明することを可能な制度の必要性が認識され、それへの要請が高まっていったのです。どのような制度改革でしょうか。

■明治民法と家制度──「戸籍」と「家族」の一体化

　1882年、戸籍規則に関する元老院会議で地方長官の渡辺清は次のように主張しました。「一家の長である戸主が一家の責任を負い、老人や子どもを扶養し、家族の倫理を守っている。救貧院がなくても、貧しい者が衣食を得ているのは、善良な慣習があるからである。戸籍にはこうした家族のあり方が示されているのであるから、戸籍を廃止すべきではない」。当時、西欧型の民法典作成に着手していた箕作麟祥（みつくり・りんしょう）は、戸籍は東洋の封建的遺物であり、西洋には戸籍などというものはない、身分証書で人の権利は判然としているのだから戸籍は廃止すべきであると主張していましたが、渡辺の主張が大勢を占め、戸籍に示されている家族のあり

方に法的な根拠を与えるために、1898年制定の民法（明治民法）において、家制度が確立しました。家制度と戸籍は一体なのです。

　家制度については、みなさんももうご承知と思いますが、改めて確認しておきます。まず戸主が家族を統率します。家族は戸主の命令監督に服します。戸主の地位は、家督相続として、原則的に長男が継ぎます。国民は必ずどこかの家に帰属します。戸主とその家族は、家の氏を称し、その家の戸籍に登録されます。その家の一員であることが戸籍によって示されるのです。戸籍は単なる登録公証制度ではありません。国民が帰属する家を目に見える形で示すものです。これによって、戸籍と家族を一体のものとして捉える特殊日本的な感情が生み出されました。

　戸籍に登録されていない者は、帰属する家のない者であり、社会的に存在しないものとして受け止められていきます。それゆえ、戸籍に記載されていない者は、学校にも行けない、就職もできない、婚姻もできないと思い込んでしまうことにもつながりました。無戸籍の人たちの関係者や行政の窓口なども、同じような思い込みをすることになりました。

　先ほど言いましたように、戸籍に登録されるのは、天皇と皇族を除く日本人です。植民地主義との関係でこの戸籍の持つ排外性が議論になりますが、そのことについては第2回の遠藤正敬さんが戸籍と植民地支配という内容で講義されます。

III……新憲法下における「戸籍」

■「家」から「家族」へ ── 家制度の再編成

　日本は敗戦を契機に、1946年11月3日、日本国憲法を制定、公布し、47年5月3日、新憲法が施行されました。この憲法には、個人の尊重（13条）、法の下の平等（14条）、個人の尊厳と両性の本質的平等（24条2項）という原則が謳われていますので、これに反するような明治民法の規定は効力を停止されます。家制度は、47年12月22日、民法改正によって廃止されました。戸籍は家制度を支える制度であり、戸籍と家族は一体だったのですか

ら、家制度をなくす以上は、戸籍制度の改革が課題になりました。

　そこで、当時日本を占領し、日本の民主化を進めようとしていたGHQ（連合国軍総司令部）からは、なるべく家のなごりを払拭して誤解を招かないようにしておくべきだ、そのために戸籍を個人個人について作製してはどうかと、根本的な問題提起をしました。それに対して、司法省は、個人個人にすると、紙や手数がかかる、将来経済力が回復すれば一人戸籍にしたいのだが、現在では難しい、民法改正案によって「家」はなくなった、今度は、婚姻を重視しているから、婚姻を主にし、婚姻すれば戸籍を別にし、子どもができれば、その戸籍内に記載する、すなわち、夫婦と子を一つのグループにしたまでで、「家」の温存などは考えていないと反論しました。こうして、一組の夫婦と、氏を同じくする子を単位として戸籍を編製することについて、GHQからの了解を得たのです。

　そこで次の質問です。なぜ司法省は、夫婦と子を単位として戸籍を編製することにしたのでしょうか。これは想像で結構ですので、どなたかお答えください。

　「国が国民を管埋しやすいからではないでしょうか」

　管理ということであれば、個人個人の方がすべての個人を把握できるのですから、そちらの方が便利な気がしませんか？　ですが、国民の「管理」という視点はとても大事なものだと思います。

　「おそらく、夫婦と子どもという形にすることで、本来国がお金をかけてやらないといけない介護とか子育てといった、家の中で自分たちで扶助しあう、ということを考えたのではないでしょうか」

　それはなかなか深い読みだと思います。ただ、管理であるとか、介護や子育てなどのケア役割を家族に担わせるということよりも、その当時の政府が恐れたのは、家制度の廃止によって家族が解体してしまうのではない

かと国民が不安になり、混乱することだったように思います。

　これまでは家制度があったので、国民はすべて家に帰属していました。その家が廃止されるのです。ですから、国民のなかには家制度の廃止イコール家族の解体だと受け止める層も存在しました。それに戸籍まで個人単位にしてしまうと、強い衝撃を受けて社会的な混乱が生じるのではないか、そういう点を当時の政府は心配していたように思います。

　それをさらに深掘りしていくなら、国民を個人ではなくて家族単位で把握して管理する、そしてケア役割などを家族に対して課していく、その基準としての家族なのだという展開も可能ですから、そういう意味では、お二人のご指摘は鋭いと思います。しかし当面は、とにかく戦後の社会的混乱を最小限に抑えたいという点が先に立っていたようです。急激な改革を避けたかったのです。確かに家制度を廃止はしましたが、家族がなくなるわけではなく、これからは夫婦と子どもが中心になって家族を作ってもらうのだ、というメッセージだと言えます。先にも説明しましたが、婚姻をおこなうと家の戸籍から女性は独立します。夫婦が新戸籍を作っていくのです。婚姻届を出して、これまでは夫の家の戸籍に入籍していたものが、夫も妻も親の戸籍から自立して、自分たちだけの戸籍を作ることになります。まさに、「家からの独立」であり、「自立」であるということを、国民に目に見える形で示したともいえます。

　そういう点で、混乱を防ぐことと同時に、夫婦と子ども、これが戦後の日本社会の基本になるということ、そして家から独立するのだということを、国民に認識してもらう役割があったのです。その先に、国民の管理や、家族にケア役割を担わせるといった展開がおこなわれていったのだと思います。

■温存される家制度 —— 改正戸籍法が規定する戦後の「家族観」

　改正民法は、家族を、夫と妻、親と子、親族相互の個人と個人の関係と規定しています。民法には、家族を団体として把握する規定はありません。まさに個人主義に徹したものです。

　ところが改正戸籍法は、一組の夫婦とその夫婦と氏を同じくする子を単

位として戸籍を編製します。夫婦同氏、親子同氏の原則のもと、夫婦と子が同じ氏を名乗り、一つの戸籍に登録されます。それによって、夫婦と子を標準とする家族観が定着していきました。先ほど述べたように、夫婦の新戸籍が編製され、双方の家の戸籍から独立することも含めてのことです。

こうした家族観ですが、婚姻に際して夫の氏を夫婦の氏にするカップルがほとんどであり、夫が戸籍筆頭者になります。夫が外で働き、妻は家庭内で家事育児を担う。氏は個人を識別特定する機能があります。家庭に入る妻に自分の氏を夫婦の氏にする必要性はほとんどありません。性別役割分業型の家族にとって親和的な仕組みになります。これが1960年代以降の高度経済成長期の家族像につながっていくのです。

次に、現在の戸籍制度の問題点をいくつか挙げてみます。先ほどの内容と重なるのですが、まず戸籍筆頭者という欄です。法務省は、戸籍筆頭者は戸籍の「見出し」であり、検索のために必要だと説明します。婚姻に際して夫婦の氏とされた方が戸籍筆頭者になります。2020年でも、95.3％が夫の氏を名乗ります。妻が夫の家族となり、夫の家の一員となって、夫の氏を称した家制度と同じです。登録される家族の範囲は狭くなってはいますが、男系の氏による夫婦の同氏制度ですから、現実としては変わらないのです。

離婚をすると、氏を改めた方、多くの場合、妻が夫を戸籍筆頭者とする戸籍から除籍されます。かつては朱色で名前に×がつけられました。「バツイチ」が離婚を示す言葉として定着しました。なお、いまは×はつきません。コンピューター管理のもとでは、名前に朱色で×を付ける仕組みを導入するには莫大な費用がかかることから、単に「除籍」と記載されるだけになりました。

また、仮に筆頭者である夫が妻より先に死亡しても、筆頭者の記載は変わりません。妻が筆頭者に繰り上がったりしません。見出しは、検索のためにあるのですから、変えてはならないのです。筆頭者の氏を基準に戸籍が編製され、その戸籍に登録される者が決まります。このように、筆頭者とそうでない者の間に主従の関係が持ち込まれます。それは、夫婦の対等性に反すると思われるのですが、案外このことは素通りされているようです。

IV……戸籍が生み出す婚外子への差別

■続柄記載と婚外子差別

　次は続柄記載と婚外子差別についてです。戸籍には、父母との続柄欄があり、嫡出子は、生まれた順序で、長男・長女、二男・二女などと記載されます。家制度のもとでは、推定家督相続人の序列、すなわち、家の跡継ぎの順序を示す必要があり、戸籍がその序列を担っていたのです。長男が死亡した場合は、二男、二男が出来が悪いために廃嫡された場合は、三男などというように、跡継ぎには順序があったのです。家制度が廃止され、家督相続もなくなり、子どもは平等だから、均分相続となりました。もはや子どもの間に年齢による序列を持ち込む必要はありません。にもかかわらず、長男・長女という序列が社会的に定着していたため、戦後改革でも序列記載が残されました。

　問題は婚外子です。婚外子はかつて「庶子」（父が認知した子）や「私生子」（父の認知がない子）と記載されました。戦後の改革で、庶子、私生子という名称はなくなったのですが、戸籍には性別記載欄がないため、父母との続柄で長男・長女と記載することで性別欄を兼ねていることから、婚外子は、男・女と記載することになりました。嫡出子は長男・長女、二男・二女などですが、婚外子は兄弟姉妹が複数存在しても、男・女と序列なしで記載します。性別と同じ記載です。嫡出子とは続柄記載が違うのですから、戸籍謄本・抄本の交付を受ければ、この続柄記載で婚外子であることは一目瞭然です。子どもの平等に反するし、プライバシーの侵害ともいえます。戸籍の父母との続柄記載が子どもの間の序列、そして婚外子に対する差別を明示しているのです。

■婚外子差別をなくすための闘い

　この問題について、婚外子の親たちが訴訟を提起しました。プライバシーの侵害であり、子どもの差別として法の下の平等に反すると主張しま

した。これを支援する人たちの輪も広がりました。1989年頃、「なくそう戸籍と婚外子差別・交流会」という団体が立ち上がります。この団体の行動の記録『なくそう婚外子・女性への差別』（明石書店）が2004年に刊行されました。いまも交流会は活動を続けており、交流会の通信は今年の3月・5月合併号で242号を数えました。

　まず住民票の世帯主との続柄記載について提訴しました。嫡出子は長男・長女型で、婚外子は単に子と記載されていたので、記載の区別から婚外子であることが判明するからです。訴訟継続中の1995年3月、当時の自治省は、子については実子・養子、嫡出子・婚外子、すべて続柄を「子」に統一するという通達を出しました。自治省と地方自治体双方の責任において、差別記載を一切なくすことができました。

　その後で、戸籍の父母との続柄記載について提訴しました。この訴訟が契機となり、2004年11月、法務省は、婚外子についても長男・長女型で記載する通達を出しました。嫡出子の場合は、婚姻ごとに長男・長女を決めるのですが、婚外子の場合は、父母が婚姻していないので、母を基準に、生まれた順に、長男・長女と記載します。母がこの子は自分が初めて産んだ婚外子ですと言えば、長男・長女、二番目だと言えば、二男・二女になります。出生届書で確認することも難しいので、母または子自身の自己申告に基づいて長男・長女、二男・二女という記載がなされるのです。

　この改正前に出生届をした場合、婚外子は男・女と記載されています。当事者の申出によってこの記載を長男・長女型に更正することが可能になりました。しかし、戸籍には「更正した」という履歴が残ります。すなわち、男・女の記載を長男・長女型に改めたということが戸籍に記録として残ります。履歴が残っているのですから、婚外子であることが判明します。この履歴を消去するには戸籍の再製が必要です。つまり履歴のない新しい戸籍を作ってもらうのです。これにより、差別記載はなくなります。

　2004年11月から2022年3月までで、長男・長女型で記載する更正申出は49,248件、履歴を消去する再製申出は6,188件です。いまでも戸籍謄抄本から婚外子かどうか一目瞭然にわかる記載が残っています。本人が更正申出をした時に、戸籍事務担当者が「戸籍の再製申出をすれば、更正履歴

はなくなりますよ」と、一言、声をかけてくれていたら、再製件数がこれほど少ない数値にはならなかったと思います。戸籍実務の現場がこの差別記載についてどう認識しているのかが問われています。

■「続柄」記載を問い直す ── 家制度への固執を越えるために

では三つめの質問です。住民票は行政の責任で更正できたのに、戸籍の続柄記載は当事者、つまり、母親や子どもの申し出によって更正がおこなわれます。行政の責任でおこなわなかったのはなぜなのでしょう。そもそも続柄記載は必要でしょうか。

「基本的に家制度を残したいという強い思いがあったということでしょうか」

実は、これは割と単純な、技術的な問題です。たとえば、もし母の婚外子として男子が3人いたとすると、この子が一番上で長男、こちらは二番目だから二男などと、言ってもらわなければ、行政には順番がわかりません。それを行政の側ですべて調べるということは不可能です。ですから、申出が必要なのです。

住民票の方は、嫡出子の長男・長女型を子に統一するのですから、順番は問題になりません。だから、行政の責任で一斉に更正できたのです。もとを正せば、父母との続柄記載があるために問題が生じるのですから、そもそも続柄記載は必要なのか、という疑問も湧いてくるのです。

あなたがおっしゃったのは、家制度を残したかったからではないか、ということですね。

「そうです。そもそも子に直すのだったら、三男とか二男とか順番性も必要ないと思うのに、それにあくまでも固執するのは、家制度がどこかに残っているからではないかと私は思います」

その通りです。私もそう思います。戸籍には性別記載欄がありません。そのかわりに続柄記載によって性別を表していました。そのために嫡出子は長男・長女、二男・二女、そして婚外子は男・女という記載でした。今日では、性のあり方も多様になっていますから、ことさら性別欄を設けて性別を記載する必要があるのかどうかという問題も確かにあるのですが、これまでは本人を特定するためには性別が必要だとされてきて、それを続柄で表していました。

　そこで、続柄欄を性別欄に改めれば、男・女の区別だけなので、行政の責任で一斉に更正することができます。長男・長女ではなく、男・女ということですから。そこで続柄欄を性別欄に改めてはどうかという意見も出されたのですが、実現しませんでした。いまおっしゃったように家制度的な制度、意識を残したいという発想が政府の側にはあったのだと思います。家制度を残すとは明示的には言えませんから、日本の伝統的な家族像を尊重して、というような言い方になります。

■「法律婚の重視」が作り出す婚外子への〈象徴的差別〉

　ここで少しだけ、婚外子の問題について付け加えておきたいことがあります。それは婚外子の相続分差別です。明治民法から続いています。亡くなった人に嫡出子と嫡出でない子がいる場合、嫡出でない子の相続分は嫡出子の1/2という規定がありました。婚外子は嫡出子の半分しか権利がないということであり、婚外子差別を正当化する役割を担っていました。

　それについて当事者の人たちがおかしいと声をあげ、何度も裁判をおこして、最終的に2013年9月4日の最高裁大法廷で裁判官全員一致で、憲法14条の法の下の平等に違反すると判断しました。この違憲判断に基づいて、同年12月5日、民法が改正され、相続分差別は廃止されました。

　ところで、出生届をする時に、親は出生届書の嫡出子か嫡出でない子かをチェックしなければなりません。法務省は、相続分が平等になり、権利の上での差別がなくなるので、出生届で嫡出子、嫡出でない子のチェックをする必要はないのではないか、したがって、チェックの根拠となってい

る戸籍法49条2項1号も廃止するという法案を作成しました。2013年12月3日、参議院法務委員会で民法と戸籍法改正が提案され、自民党所属委員以外の委員全員の賛成で可決されました。ところが本会議では自民党、そして当時は法務委員会に委員を送っていなかった日本維新の会、この2つの政党が反対に回り、1票差で否決されました。なぜでしょうか。嫡出子と婚外子の相続分が平等になったとしても、法律婚を尊重するという法律婚主義を示す必要があります。出生届のチェック欄を維持することによって、「嫡出」という用語を維持し、原則として別記載をさせ続けることは、法律婚尊重のメッセージであり、象徴的意味があります。

　出生届を出す際に、親はわが子が嫡出か嫡出でないかを自らチェックし、それを記載させられることになります。「親は、『嫡出でない』旨を自ら記載させられることで、子の市民的地位を貶める行為に加担させられていると感じるかもしれない」との指摘があります（山本龍彦「判例批評」ジュリスト1466号［2014］18頁）。戸籍が作りだす象徴的差別が婚外子差別なのです。婚外子の親の提訴を契機に、チェックをしていなくても出生届は受理され、住民票を作成することができ、また戸籍に登録することができるようになりましたが、チェック欄自体は維持されています。

Ⅴ……「戸籍」から「個籍」へ
── 憲法の理念に即した公証制度のあり方を問う

■家族の多様化と「戸籍」

　次に戸籍編製の中立化についてお話しします。一組の夫婦およびこれと氏を同じくする子を単位として登録するということは、こうした家族関係にない人たち、離婚した女性、婚外子を出産した女性、婚外子などを差別し、蔑視し、疎外することに繋がりました。

　かつては手数料を払えば戸籍を自由に閲覧することもできましたし、戸籍謄本・抄本などの交付を受けることができました。婚姻や就職の際にこれらを利用して身元調査をおこなう、そういう行為が横行していたのです。

これらの問題については、後に人権侵害をあつかうところで改めて振り返ります。ここで問題にしたいことは、単に閲覧制度を廃止したり第三者請求を制限したりすればいいというだけのことではなく、そもそも「個人」以外の何かを基本単位とするという登録の仕方自体がおかしいのではないか、ということです。

　現実の家庭生活は多様です。夫婦と子、夫婦だけ、再婚家庭、母子・父子家庭、一人暮らし、婚姻届を出さない家庭、親族以外の人で、友人どうしで共同生活をしている、あるいは同性カップルなど、さまざまな家庭生活があります。「夫婦と子」という特定の家族像を基本とすることは、家族の現実に合わないのではないのでしょうか。多様な家族のあり方を保障し、支えることができる制度に展開していく必要があるはずです。

　1995年に、戸籍制度の実証的研究をしていた利谷信義さんは、今日の家族関係が多様化していることを指摘し、戸籍編製の新たな基準は家族関係から中立的な形をとることが望ましく、個人籍が最も素直な選択であるように思われると主張しました。いまの日本社会において要求される個人の自立にとって適合的であるからです（「戸籍制度の役割と問題点」ジュリスト1059号18頁）。

　ある自治体の戸籍事務担当者が、1992年に、将来の課題だとしつつも、「『人間は生まれながら一個の人格を持ち、他の誰に対しても従属的関係を相互にもたないことを具現化する』ために、『出生届の時点でその子の戸籍＝「個籍」を編製する』という提案」をしています（三浦正勝「戸籍制度のあゆみと次世代戸籍」戸籍415号61頁）。

　憲法が規定する個人の尊重、法の下の平等、個人の尊厳と両性の本質的平等という理念、原則は、戸籍法にも反映されなければなりません。各自がいわば筆頭者となって、自分を中心に自分の父母、配偶者、子を記載する形式こそ、自分が「人生の主人公」であることを明確に示すものであり、憲法の理念に忠実なものだと思います。

　韓国では2005年3月、戸主制が憲法裁判所から憲法不合致という判断を受けて民法が改正され、戸主制は廃止されました。それに合わせて戸籍制度が改革されることになり、2007年5月、個人単位の家族関係登録制度に改正されました。

欧米各国はもともと個人別、事項別で出生、婚姻、死亡という3種類の証書制度でした。このように、韓国や欧米各国は登録公証制度を個人単位にしているのですが、それで不都合は生じていません。夫婦と子を一つの単位とすることにどれだけの意味があるのでしょうか。

■選択的夫婦別姓と「戸籍」

次に、選択的夫婦別姓制度の問題に触れておきます。これには戸籍編製原理の検討が必要になるからです。現在の戸籍は、夫婦同氏、親子同氏、同氏同籍です。ところが選択的夫婦別氏では夫婦がそれぞれ別々の氏を称するわけですから、この原則を維持できなくなります。

そこで選択的夫婦別姓は戸籍制度を廃止するものだと言って批判する人たちがいるのですが、別に制度を廃止するわけではありません。同氏同籍のような編製方法を変えようという、ただそれだけの話です。

96年2月、選択的夫婦別姓制度の導入を定めた法制審議会答申「民法の一部を改正する法律案要綱」に合わせて、民事行政審議会は、夫婦別姓を選択する夫婦は、婚姻の際に父母どちらかの氏を子の氏として定めるので、子の氏になる方を戸籍筆頭者とし、その後に、夫、妻、子を登録する別氏同戸籍とする方針を示していました。

ですから、戸籍を廃止するものではありません。私は公的な証明制度は必要だと思いますが、別氏同戸籍は徹底していないように思います。家族関係から中立的であること、個人の自立に適合的であること、憲法的価値を実現することを踏まえれば、個人単位がベストではないでしょうか。

VI……「戸籍」と人権侵害 —— 戸籍の追跡機能と部落差別

■戸籍公開原則と追跡機能

ここからは、戸籍を使った人権侵害をおさらいしてみたいと思います。戸籍公開の原則が確立したのは、1898年の明治民法と同時に作られた戸籍

法においてです。壬申戸籍は行政目的のために作られていたために非公開でした。しかし社会が近代化していくと、土地の取引などの経済活動が活発化していきます。そうすると、たとえば土地の相続があった場合に、自分が相続人であることを証明して、自己名義に登記名義を変更する必要が生じます。取引が活発化していくと、取引の相手に行為能力があるかどうかの証明が必要になることもあります。そこで、人の家族関係や行為能力などを証明する制度が必要だと認識されるようになりました。

　証明してもらうためには、手数料を納めて、戸籍を閲覧したり、戸籍謄抄本を交付してもらえなければ困ります。そこで、1898年の戸籍法で初めて公開の原則が採用されることとなりました。その時の議論では、個人のプライバシーは一切問題にされていません。経済的な必要性のみです。また、公開の根拠としては、戸籍に記載された事項の正確性に資することも挙げられていました。つまり、公開にしておけば、「この人の記載は間違っていますよ」といった指摘が寄せられる可能性があります。公開することが正確性の担保につながるということまで言われていたのです。

　1914年の改正戸籍法では、市町村長は正当な理由のある場合に限り閲覧交付請求を拒むことができるという規定が置かれました。正当な理由になる場合はどのような場合かというと、戸籍の身分関係を材料に人に対してゆすりをおこなうような場合、市町村長を苦しめるために多数の閲覧交付請求をするような場合、そして政党政派の争いから人の名誉を棄損しようとするような場合などです。戸籍には、ゆすりや名誉毀損の材料になるほどのプライバシーが記載されているということを、関係者は認識しているのです。

　しかしやはり、プライバシーの保護よりも円滑な経済活動を保障しようとすることに主眼が置かれました。かつては出産や七五三など、各種お祝いの商品を売り込むために、いまで言うダイレクトメール、それを送るために戸籍の閲覧をおこなって住所を記録するということが日常的におこなわれました。あるいは保険の勧誘です。当時、日本は戦争に入っていく時代であったため、「兵隊保険」などというものも盛んに作られました。すると、徴兵の招集状がくるような人たち、つまり保険の加入者となってくれ

そうな人を探すことを目的に、戸籍を閲覧するということもおこなわれたのです。このように戸籍はさまざまな企業活動に利用されました。それでよしとしていた時代でもあったのです。これが公開の原則の実情でした。

　もう一つ注意しておきたいことがあります。それは戸籍の追跡機能です。壬申戸籍の場合は現状把握が目的ですから、戸主が変わるたびに、あるいは脱漏を防ぐために6年ごとに改製するという原則でした。しかし改製は大変なことです。6年ごとにですから、その間に家族の出入りがあったのであれば、それをフォローして確認しなくてはいけません。そうしなくては、ただ申告された通りの記載になるだけで、いい加減な戸籍になってしまいます。もちろんそれでは困るわけです。ただ、そのようなフォローは困難だということで、改製はやめることになりました。しかし実際問題として、人は結婚したり離婚したり、亡くなったりするのですから、家族関係の出入りはフォローしなければいけないということで、原簿に貼り紙をするということで対応したのです。ですから貼り紙がどんどん増えていくようになり、中にはそれが剥がれてしまって、「戸籍の原簿はまさに反故紙のごとし」と言われるような状態になりました。

　これは改めなければいけないということで、1886年に戸籍の様式が改革されました。この改革には二つのポイントがあります。

　ひとつは「除籍簿」を創設したことです。たとえば、家族全員がほかの府県に転居する、または相続によって戸主が交代する、あるいは新たに戸籍を編製するといった場合に、元の戸籍の用紙を除籍簿として綴ることにしたのです。その戸籍のある所在地で除籍簿を作っていくことになります。

　もうひとつが、戸籍に「身分事項欄」を創設したことです。何年何月に出生した、何年何月に婚姻した、離婚した、そして何年何月どこそこの戸籍から入籍したなどを順次記載する欄です。どこそこの戸籍より入籍したとか、相続により新戸主になり入籍とか、離婚により除籍とか、各家族員の登録時の年月日を順次記載していきます。これで貼り紙の必要はなくなりました。

　現在の戸籍では戸籍の所在地と前戸主名がわかりますから、戸籍を見て、前戸主名の所在地で除籍簿を辿っていけば、除籍簿から、現在の戸籍に記

載されていない親族、嫁入りしたり養子に行ったりした者、死亡した者などもわかります。これによって家族全員の親族関係と身分行為（婚姻、離婚、養子縁組など）を追跡する機能が誕生したのです。

■「壬申戸籍」と部落差別

　1898年の戸籍法は大きな改革でした。それまでは現住所で戸籍を作っていたものを、戸籍の所在地として本籍地を定めることにしたのです。つまり現況主義が放棄されたのです。日本国内であれば居住地以外の場所を選ぶことも可能になりました。阪神タイガースのファンは甲子園の所在地を自分の本籍地にしても構わないということになります。そうして戸籍は、家と家に属する家族の登録簿になりました。この現住所主義ではなくなるということが、部落差別の問題と関わってきます。

　次に水平社の闘いについてです。部落差別というのは、部落の出身者かどうかを確認するための身元調査をして、部落出身者を結婚とか就職の時に差別していくという問題です。1898年までは現住所主義でしたから、その人がどこの地域で登録されているのか、その現住所が部落の所在地かどうか、部落出身者かどうか確認できたのですが、現況主義を放棄し本籍地になったことで、部落の所在地で戸籍が作られているとは限りませんから、身元調査をどうやって進めていくかが一つの問題になりました。

　では質問です。戸籍を使って身元調査をおこなうことは可能でしょうか。あなたが興信所の所員になったつもりで考えてみてください。

　「生まれた市や町が必ず記載されているので、どこで出生届を出したかというところから、本人の生まれたルーツを探っていくことができるのではないでしょうか」

　確かに戸籍の身分事項欄には、○○市○○区で出生と出生した場所が記載されていて、父誰々が出生届、何月何日に入籍といった記載があります。しかし大事なのは出生地ではありません。出生地と部落の所在地とは無関

係です。病院で生まれれば病院の住所が記載されるのです。むしろ大事なのは身分事項欄の入籍の記載です。どこの戸籍から入籍したか、これが身分事項欄には記載されているので、そこから元の戸籍を辿っていくのです。それを辿っていくと、本籍地ができる前の戸籍に行き着きます。あるいは最終的には壬申戸籍にまでたどり着きます。その戸籍は現住所で記載されていますので、その現住所と全国の部落の所在地が記載された地名総鑑を対照して、部落の出身者かどうかがわかるのです。

　どの戸籍から入籍したかを辿っていくのですから、そのためには戸籍公開の原則が重要でした。手数料を払って戸籍を閲覧します。そうすると、この人の前の戸籍がどこだということがわかります。さらにその戸籍も閲覧します。もし家族全員が亡くなっていたり、婚姻したりして誰もいなくなっていた場合は、それでも除籍簿が残っていますから除籍簿を閲覧します。するとそこにはどこの戸籍から入ってきたかが書かれています。それをさらに閲覧して辿っていきます。そうすると、1898年戸籍よりも前の戸籍、つまり現住所で記載されている戸籍に辿り着くことができます。それは現況主義ですから、そこに住んでいるということは、地名総鑑から部落の出身者だと強く推定することができます。さらにもっと調べたいと思ったら、壬申戸籍までたどり着けばよいのです。

　なぜ1872年の壬申戸籍が重要かというと、それは族称欄についての問題があったからです。1898年の明治38年戸籍でも族称欄はあったのですが、壬申戸籍の時の族称欄は独特でした。1871年8月、「えた」「非人」の名称が廃止されました。したがって、1872年の戸籍の族称欄については「平民」と記載しなければならないところ、戸籍係の役人によっては、「元えた」「新平民」などと、部落の出身者であることがわかるような記載をする例があったのです。これは問題だということで、族称としては華族・士族・平民と記載すべきとする通達が出されたのですが、それでもなお現場では、「元えた」「元ひにん」「新平民」というような蔑称を記載する例がありました。これは所在地以上に明確です。こうやって戸籍の追跡機能によってどんどん辿っていって、壬申戸籍、あるいはその近くの古い戸籍にたどり着けば、所在地だけではなくその族称欄記載によって部落の出身者かどうか

を確認することができました。

　1923年の第2回全国水平社大会で、戸籍簿や身元調査などの改正を要求する決議がなされ、帝国議会で衆議院議員から因習打破に関する建議案が提出されました。このプロセスを経て翌年、司法省が謄・抄本作成の際に「えた」「新平民」などの文字を謄写してはならず、その名称を職権で抹消することができるという通達を出しました。当時はコピーなどという便利なものはありませんので、この戸籍謄本などを出す時には係の人が全部手書きで写して、その写しを交付していました。大変な作業です。ですから謄本などというものは面倒でたまらないので、抄本、つまりその人の関係者のところだけ出すという抄本がたくさん作られることになります。いずれにしろそういうものを出すときに、本人の族称欄に「えた」や「新平民」などの記載があれば、それは謄写してはいけない、出すときには空白にして出さなければいけない、そして戸籍原本の文字については抹消するという通達が出ました。

　ではここでまた質問です。この通達で戸籍上の差別はなくなったでしょうか?

　「謄・抄本で族称欄を空欄にしているということから、逆に推測することが可能になるのではないでしょうか」

　そのとおりです。なぜここここが空白なのかと、誰もが考えます。空白なのは部落の出身だからと推測されます。「元えた」や「新平民」といった用語は二重線で抹消されます。けれど戸籍公開の原則ですから、利用料を払えば閲覧できます。抹消されていても、二重線ですから、元の字が読めます。だから差別はなくならなかったのです。

　司法省が、族称欄の文字についてはすべて謄写しない、だから華族、すなわち侯爵・伯爵・子爵・男爵、士族とか、そう書かれている人についても、あるいは平民と書かれている人についても、もはや謄写しません、みな空白です、としたのが、1938年です。改めるまでに14年もかかりました。

　なおかつ職権抹消した時に戸籍の再製、つまり作り直しをしてくれれば

よかったのですが、なんといっても当時の家制度の戸籍ですから、十数人も載っている戸籍もあります。それをすべて再製するのは大変なので、放置されました。ですから結局は閲覧すれば職権抹消であったことがわかってしまいます。このようにして差別が温存されました。

■ 戦後の戸籍公開原則 —— 閲覧制度の廃止に向けて

さて次に、戦後この戸籍公開の原則がどう改正されていったかを見てみます。1947年12月に家制度は廃止され、戸籍法も改正されました。では公開の原則はどうなったのでしょうか。これほど問題になり、族称欄では二重線で抹消しているだけなので差別を温存しているという議論があったにもかかわらず、結局公開の原則は維持されたのです。その結果、明治時代の戸籍除籍簿を閲覧する身元調査を防ぐこともできませんでした。

壬申戸籍については差別満載なので、これは閲覧を禁止しようということになり、回収して法務省で保管するという対策はなされました。そして差別的事象につながる可能性がある除籍簿については、閲覧請求に応じなくてもよいということにもなったのですが、差別的事象につながるおそれがあるかどうかの判断を誰がするのかという問題がありました。それでは結局歯止めにならないため、戸籍の公開によって差別行為が誘発・助長されることがないように、本人・親族以外の第三者に対する公開を制限する戸籍公開制限実施要項を定める自治体が関西の市町村を中心に増えてきました。関西は部落差別が多く、差別も根強かったので、このような対応をおこなったのです。

ところが交付を拒否された人は不服申し立てをすることができます。そうすると裁判所では、法律上の制度としては戸籍公開が原則になっているので、それを自治体の実施要項で制限することはできないとして、実施要項は違法と判断されました。しかし違法とされても、各自治体は人権保障の見地からこの制限実施要項をそのまま実施していました。そうなるといよいよ戸籍法も改正せざるを得ません。自治体の動きが戸籍法改正に結びついたのです。

ついに閲覧制度は1976年に廃止になりました。また戸籍謄抄本や除籍謄本の交付請求も、その目的が不当であることが明らかな時には請求を拒むことができるようになりました。目的が不当であるかどうかの判断は、戸籍実務に委ねられました。しかし交付請求をする人が「身元調査のためです」と書くわけがありません。ですから実際には規制はゆるいのです。また不当であるかどうかについても、弁護士・司法書士・行政書士などの有資格者が職務上請求する場合には、請求理由を明示しなくてもいい扱いでした。そうすると有資格者の資格を詐称したり、あるいは興信所と有資格者とが結託したりして、交付請求する事例が続出しました。

　そこで各資格団体は、統一書式の請求用紙である職務上請求書を利用することを義務づけました。この請求書には番号が記載されていますから、不正が発覚した場合、誰がその請求をおこなったのか、有資格者の誰が請求したのかを特定できるようにしたのです。しかしそれでも不正取得を妨げることはできませんでした。なぜならそれが「商売」になるからです。

　結局、それが改正されたのは約30年後のことでした。2007年、個人情報保護法の全面施行に伴って、2回目の戸籍法改正がおこなわれ、そこでようやく、何人も手数料を納めれば謄抄本等を請求できるという意味での戸籍公開の原則が廃止されます。本人も第三者も有資格者も、請求する場合には厳しい制限が課せられることになりました。そして不正取得をした場合には30万円以下の罰金刑が科せられます。刑事罰ですから、不正取得を依頼した者も共犯として処罰が可能になります。刑事罰を受けると有資格者は資格剥奪などの懲戒処分の対象になります。抑止効果があると考えられました。

　有資格者が請求する際には、それまでは職務上であればフリーパスだったのですが、これからは職務上であっても、必要とする事情を明らかにすることが求められます。本人の権利・義務を確認する、訴訟をするためなど、本人が必要とする事情を明らかにしなくてはならないのです。加えて、依頼者が誰かということも明らかにしなければならない。ただし例外的に、本人から依頼されて訴訟をおこなう場合には、本人の氏名等は明らかにする必要がありません。そのかわり、どういう訴訟であるかということを明

確にする必要があります。

　ですから、交付規制はかなり徹底したものになりました。しかし、それでも不正取得を防ぐことはできませんでした。たとえば、結婚がいきなり破談になったので調べてみると、職務上請求があり、それをおこなったのは行政書士の誰々だったということがわかった、というように、損害が発生して初めて不正取得がおこなわれたことが判明するからです。個人のプライバシー侵害、あるいは人権侵害が起こって、初めて不正取得があったことが判明するのですから、いくら制裁が強化されてもあまり歯止めにはなりませんでした。行政書士が、職務上請求をおこなうことで興信所からおよそ3,000万円もの手数料をもらっていたというケースもありました。30万円の罰金などはたかがしれたものです。仮に廃業したとしても、それだけのお金があればほかの仕事を始めることも可能でしょう。こうした状況なのです。差別意識が身元調査を温存しています。ですので、人権侵害が起こらないような制度に改める必要があります。第2次の戸籍法改正でも不十分だったのだとしたら、プラスアルファで何らかの対策を考えなければなりません。

VII……「戸籍」とプライバシー権

■「本人通知制度」をめぐる議論

　最後のテーマは、プライバシーの保護です。戸籍にはさまざまなプライバシーが記載されています。婚姻、離婚、縁組、離縁、認知、嫡出否認、親権の停止・喪失、氏や名の変更、相続廃除、性同一性障害者（トランスジェンダー）の法的性別の変更など、センシティヴな個人情報が満載です。本人の知らない間に第三者が戸籍謄本等の交付請求をして、そうした情報を入手することは、自己情報のコントロール権という視点から見て問題があります。自己情報のコントロール権とは、「自分の情報は自分がコントロールする」「自分の許諾を得ないで勝手に情報にアクセスすることはできない」「目的外の利用は許さない」という権利であり、個人情報保護法の根底にあ

るものです。

　そこで考えられたのが、2009年6月に大阪狭山市が設けた事前登録型本人通知制度です。これは、住民票や戸籍謄抄本等を代理人または第三者に対して交付した場合に、事前登録型本人通知制度に登録していた人に対して交付の事実を通知する、というものです。有資格者あるいは第三者に交付しました、という事実を本人に伝えるのです。そうすると、自分はそんなことを頼んだ覚えはないのにということで、不正発覚のリスクが高まります。そして不正だということがわかると、先ほど述べたような刑罰を伴うために、有資格者や興信所はこうした制度を設けた市町村の戸籍謄本等の請求を自粛するようになりました。2010年代の前半ぐらいまでは、この制度による抑止効果が結構あったのです。

　ところが、この制度に登録する人がなかなか増えていきません。地域住民の0.5％、あるいは数人だけ、といった場合もあります。登録を推奨するのですが、その必要性を認識する人が増えなかったようです。そうなると、交付請求をしても大丈夫だろうと甘く見られて、先ほどのように3,000万円も稼ぐような人も出てくるのです。

　そこに一石を投じたのが広島県大崎上島町でした。不正請求や不正取得による個人の権利侵害の抑止・防止を図ることを目的として、2020年8月、町内に住所・本籍のある人全員を対象に、謄抄本・住民票の写しなどを代理人や有資格者などの第三者に交付した場合には、交付の事実を本人に通知するという制度を導入したのです。事前に制度に登録する必要はありません。したがって抑止効果は格段に高まります。では、同様の制度をなぜ政府は導入しないのでしょうか。これが最後の質問です。

　「これは政府の怠慢というか、面倒だから、費用がかかるのが嫌だから、ということなのではないでしょうか」

　ありがとうございます。まさにその通りです。たとえば、2018年度の戸籍謄本等の交付件数は、有料のもので約3,075万件、無料のもので約1,046万件です。たとえば行政が土地収用をするような場合、その土地の所有者

の相続人を確認するために戸籍を利用することがあるのですが、そうした公用請求は無料なのです。これらを合わせると約4,100万件の請求があります。

　誰が請求したかというデータは、2005年3月、第2次戸籍法改正の資料とされたサンプル調査しかありません。そのデータによれば（有料の交付請求のみ）、戸籍謄抄本の約9%、除籍謄本の約27%が第三者請求であり、それ以外は本人の請求であることがわかりました。

　パーセントは少ないですが、母数が大きいので、相当な件数になります。そのいちいちについて本人通知をおこなうのは、おっしゃるように大変に面倒です。そして通知は当然郵送ですから、費用もかかります。事務手続上煩雑で非効率であること、多くの場合は問題がないこと、これが、政府が本人通知制度を採用しない主要な理由です。

　第2次戸籍法改正の際には、第三者請求があった場合、請求があったことを本人に通知し、本人が交付に同意した時にだけ交付すべきという、事前の同意を求めることも議論されました。しかし事前に本人の同意が必要となると、手続はますます煩雑になるため、結局、効率が優先され、導入には至りませんでした。プライバシー保護と戸籍実務の効率性、どちらを重視するべきなのでしょうか。両立は難しいのでしょうか。

■本人通知制度と「手続の密行性」の問題

　もう一つ、政府が一歩踏み出せなかった理由として、手続の密行性、つまり交付請求などを秘密にしておく必要性という問題があります。たとえば借金逃れをしている債務者がいるので、債権者は債権回収を弁護士に依頼したとします。訴訟には被告を特定するために戸籍謄抄本が必要です。そこで弁護士が交付請求をおこないます。このことが債務者に事前に通知されてしまうと、債務者は裁判を起こされるかもしれないことを予想し、先回りして財産を隠したり、処分したり、転居したりするかもしれません。また権利行使のための手続が進んでいることを隠しておかざるを得ない場合もある。たとえば、離婚するにあたって夫に財産分与の請求をおこない、

夫の財産を差し押さえようと思う。財産を保全するための処分を裁判所に申し立てる。そのために戸籍謄抄本が必要だ。弁護士が交付請求したことを夫に対して通知されると、夫が財産を処分したり隠したりすることもできてしまう。弁護士は、そうした恐れを指摘します。

確かに、そういう恐れはあるかもしれません。それならば、訴訟が終わった後に、こういう事情で謄抄本の請求をしたということを本人に通知することはできると思います。本人もそういう事情ならばやむを得ないと思うのではないでしょうか。自己情報のコントロールという視点からは、何らかの形で本人に通知するという仕組みは必要ではないかと考えます。

VIII……社会のデジタル化と「戸籍」

ところで、政府は2023年度中に戸籍事務の一部にマイナンバー制度を導入しようとしています。年金や手当等の受給資格確認の際にマイナンバーを利用すれば、わざわざ戸籍窓口で戸籍謄抄本をとって添付する必要はないので、市区町村の戸籍謄抄本等交付事務の負担軽減になります。便宜性と効率化も高まるでしょう。ここでも便宜・効率が出てきました。マイナンバーと戸籍を連結して、税金の納付とかパスポートの取得とか、そういうものと情報を連結する、そういう意味でのマイナンバーの利用ではありません。この問題については第6回の講義をご参照ください。

もう一つ、氏名の振り仮名記載という課題です。日本語は、漢字・ひらがな・カタカナの組み合わせが自由です。漢字の場合、組み合わせによって読み方は複数生じます。出生届書には「よみかた」（ふりがな）を書くので、光宙（ぴかちゅう）など「キラキラネーム」でも、出生届は受理されますが、戸籍には「よみかた」を書く欄がありません。「二宮」は「にのみや」、「にみや」、「ふたみや」のどれなのかわからなければ、デジタル化に対応できません。デジタル社会では、氏名をどう読むのかが記載されなければ、個人の特定ができないのです。氏名の仮名表記（振り仮名）の法制化（戸籍法関係）について、法制審議会戸籍法部会から中間試案が公表され、パブコメ

が実施されました。

　以上のことは、現行制度を前提とした技術的な問題です。必要なことでしょうが、やはり戸籍編製の個人単位化やプライバシーの保護など、戸籍制度の根幹に関わる課題を検討してほしいと思います。

IX……おわりに
──「衆一個人を以て基礎となす社会」のための制度へ

　日本の近代史を振り返ると、西洋型の憲法や民法等の制定が議論されていた明治時代に、大隈重信と共に立憲改進党を結成した小野梓という法学者は、1884年に『民法之骨』という本を刊行しました。すごいタイトルの本ですね。彼は、「独立自治の良民を以って組織するの社会」を目指し、「一団の家族を以って其基礎となす社会」ではなく、「衆一個人を以て基礎となす社会」でなければならないとし、戸主権、長男単独相続を斥けるだけでなく、「父母、子を恃（たの）むの悪弊」を非とする見地から、「束縛圧制人の権利を妨害するもの養子より甚はなし」とまで記していました。跡継ぎ養子が横行していたことに対する批判です。

　このように「衆一個人を以て基礎」となす社会、すなわち個人を社会の基礎とすべきだという考え方は、外来のものではありません。もとは外来のものだったのかもしれませんが、それを私たちはすでに自らの骨肉にしているのではないかと思うのです。憲法の定める「個人の尊重」は、その現れだと思います。個人の尊重にふさわしい仕組みは、個人単位での戸籍編製です。そして個人のプライバシー保護を戸籍実務の効率や便宜性よりも優先すべきだと思います。ご清聴ありがとうございました。

【参考文献】
二宮周平「家族単位から個人単位の編製へ」中央公論 2022年6月号 134–141頁
「戸籍から個籍へ」時の法令 2004号（2016）50–56頁
「壬申戸籍と今に至る部落差別」ヒューマンライツ 408号（2022）2–8頁
『新版 戸籍と人権』（解放出版社、2006年）

O2

日本の植民地支配と戸籍
『民族』と『血統』とは

［講師］

遠藤正敬

I……「戸籍」とは何か

では論点として、植民地支配において「日本人」なる資格はいかに操作されたのか、ということを考えてみたいと思います。「日本人」なる資格というものは自然と決まるわけではなく、権力の決めた法制度によっていかようにも左右された、ということについてです。

そして「戸籍」というものについても考えてみたいと思います。戸籍というものは、「国籍」や「民族」など、カギカッコ付きで表現するのが適切だと思われるカテゴリーの決定にも関係しています。

■日常生活からは遠い「戸籍」

ところで、この戸籍というものは、みなさんの日常生活の中ではあまり目にする機会はないのではないでしょうか。私も授業で学生たちに「自分の戸籍を見たことある人、手をあげて」と言うと、自信なさそうに100人中10人ぐらいが手をあげます。では自分の戸籍を見て何が書いてあったか

を聞いてみると、住所がどうのこうのと言っているので、「それは住民票じゃないの?」という話です。つまり戸籍と住民票の違いもわからないぐらい、戸籍というものは日常では不要不急のものでしかないのです。しかし先日の参院選でも、選択的夫婦別姓、あるいは同性婚というような話になると、「日本の長き伝統として戸籍を守れ」とか、「日本の美しき伝統を破壊するのか」という声があがるのです。それも不思議な日本人の感性ではあります。

■身分登録制度の国際比較

　前回の二宮さんからもいろいろと概説的なお話があったと思うのですが、ここで確認の意味で、戸籍とは何かについてあらためて述べておきます。

　まず戸籍というのは、国民の出生・死亡・婚姻など、一生における身分の変動を登録するもので、その大きな特徴は「戸」というものにあります。「戸」とは、本来「世帯」という意味ですが、日本では氏を同じくする家族を一つの「戸」として登録する形をとっています。

　欧米などでは個人単位の身分登録が中心で、事件別、つまり出生登録や婚姻登録、そして死亡登録など、そういった事件ごとにファイルされます。これはどうして個人別かというと、中世のキリスト教会がおこなっていた教会簿の影響があると考えられています。キリスト教徒は生まれた時に教会で洗礼を受け、結婚も教会で式を挙げ、死んだら教会で埋葬されるということなので、教会で信徒の出生や婚姻、死亡を登録していました。その名残だと言われています。

　では、日本以外の世界の国々には戸籍のようなものはあるのでしょうか。戸籍は東アジア特有の制度です。「戸籍」という名前を同じくするものとしては、中国にあります。中国の戸籍の正式な名称は「戸口登記」と言い、中華人民共和国が成立した9年後の1958年から実施されている制度です。この制度は本来、人口の移動を規制する目的から作られたものでした。居住地で登録をおこなうため、都市に生まれて都市に住んでいた人は都市戸籍、農村に住んでいた人は農村戸籍ということになります。移住を制限すると

いう趣旨のために、都市戸籍と農村戸籍という二元制度となっているのです。そのため、農村戸籍を持つ人が上海や北京に移住しても戸籍を移すことができず、就学や不動産の取得にいろいろと障害があると言われています。したがって日本の戸籍制度とはずいぶんと内容が違います。

　そのほかには台湾にも戸籍制度があるのですが、これも日本とはかなり違ったもので、世帯単位となっています。世帯ということは現実に住んでいる人が登録されるので、血縁も関係ありませんし、一人の世帯ならば一人で戸籍に登録されることになります。台湾には住民登録制度がないので、戸籍が住民登録の代わりになっており、戸籍に登録される14歳以上の人には国民身分証が発給されます。

　日本の戸籍ともっともよく似た制度があったのは韓国です。後でも話しますが、韓国では日本の植民地時代に実施された戸籍制度が、戦後、大韓民国になってからも踏襲される形で実施されました。しかし韓国の民主化以降、戸主や戸籍といった制度が民主主義に反するということで廃止運動が高まり、2005年に韓国の憲法裁判所で違憲判決が出され、それを受けて2008年に廃止になりました。その後、個人単位の家族関係登録に変わっています。したがって、日本の戸籍は世界でも唯一のものと言っていいと思います。

■戸籍の索引的機能 —— 相続の場面での有効性

　日本の戸籍は世界的にも類まれな、優秀な制度だと言われます。これは法務省の官僚などがよく言うのです。では、いったい何が優秀なのかと言うと、戸籍の「索引的機能」というものです。つまり現在の戸籍から過去の戸籍をさかのぼることで、ある人の家族関係を昔へ昔へと検索できる、ということです。戸籍は、そこに載っている人が死亡や婚姻によって次々と戸籍から抜けていき、その戸籍に誰も載っている人がいなくなると、除籍として閉められます。除籍となった戸籍は除籍簿に移されますが、現在、除籍簿については150年保存されることになっているので、これを駆使すれば、ほぼ100年以上は親族関係をさかのぼることが可能となります。

その関係でいうと、戸籍が一番役に立つ場面というのは、やはり相続です。私も3週間前に自分の父が亡くなったので、ちょうどいま相続の話でてんてこ舞いなのですが、自分の父親に兄弟姉妹がもう誰もいないか、相続資格のある親族が残っていないかを証明するために、古い戸籍謄本をたくさん集めなければいけませんでした。大いに面倒ではあるのですが、戸籍を見れば自分の父親はこういう親族関係だったのかということを確認することができ、いろいろと意外な発見があることではありました。それはともかくとして、古い親族関係をたどることができる、それが戸籍のもつ一番の利点であるのでしょう。

■個人の識別には役に立たない戸籍

　しかし、戸籍はそもそも身分関係登録です。戸籍が個人の識別に役に立つのだろうかと考えてみると、そんなことはありません。そもそも戸籍には本人の写真も貼ってありません。ですから現在でも、たとえば銀行の口座を開く時には身分証明の提出が求められますが、その場合、普通であれば運転免許証や保険証、そして持っている人ならマイナンバーカードが使われるでしょう。戸籍を出しなさいということはまずありません。戸籍というのは個人の識別には役に立たないからです。しかも2008年の法改正までは、戸籍の届出や証明書の請求において、本人確認も必要とされていませんでした。ですから、割とずさんな話で、推理小説などでも他人の戸籍を買ったりとか、他人の戸籍になりすまして犯罪に利用したりするとかいう場面がたまにありますが、そういうことさえ可能だったのです。

　そして戸籍にはあまり実質的な意味のない概念も多く、特にその代表と言えるものが「本籍」です。本籍とは何かというと、単なる戸籍の所在地です。それ以上でもそれ以下でもありません。ですから、本籍をきちんと番地まで言える人はあまりいないのではないでしょうか。私も言えません。自分の住んでいる所と本籍はまったく関係がありませんし、本籍を書類に書くような場面もほとんどないので、ますます本籍を忘れていってしまいます。本籍は自分の住所や出生地と関係なく自由に移すことができるので、

自分の現住所に移す人も多いと思います。地番が付いているところならどこにでも移すことができます。よく私は大学の授業や講演でクイズとして、日本で一番本籍を置いている人口が多い場所はどこでしょうという問題を出します。みなさん答えはおわかりでしょう。これは東京都千代田区千代田一番、つまり皇居なのです。そこに本籍を置いている人が少なくとも2,000人以上いると言われています。ですから、大阪城、甲子園球場、東京ディズニーランド、富士山頂上……と好きなように移すことができます。つまるところ、本籍というものはこのように観念的なものでしかないのです。

■戸籍の問題点 —— プライバシーの観点から

そして戸籍の問題点としては、プライバシーに関わる問題があります。プライバシーの侵害というものは、他人からすればそれほどではないかもしれませんが、当人にとっては深刻な問題です。プライバシーとはそういうものです。そして、これこそがまさに民主主義と相いれない部分です。たとえば江戸時代の身分制度は明治になってなくなりました。しかしなくなったといってもそれは名ばかりで、華族・士族・平民という身分に再編成されたわけです。そして被差別部落の人たちについては、戸籍上では平民ではあるのだけれど、やはり管理する側が区別しておきたいということで、1872年につくられた壬申戸籍では「元えた」や「新平民」などと記載したという話が知られています。

そして婚外子については、民法上「私生子」と「庶子」という法律用語が戦前にはありました。婚外子のなかでも、父親が認知すれば庶子、認知しなければ私生子となるのです。庶子は父親の戸籍に入ることができるのですが、父親から認知されない私生児は母親の戸籍に入ることになります。戸籍には戸主（現行法では筆頭者）との続柄が記載されます。嫡出子は長男、長女などとなるのですが、庶子や私生子は、「私生子男」とか「庶子女」と書かれました。

それから棄児です。父親も母親もわからない状態で発見された場合、法律上は「棄児」という用語になっています。これも仕方ないといえば仕方

ないのですが、父母欄がどうしても空欄になるのが普通です。しかし、かつてはそこにあえて「不明」「不詳」と書いていました。これも書いてあるかないかで、本人に与える心理的な影響が大きく違ってきます。はっきりと身分事項のところに棄児と書いて戸籍が作られることもありました。つまり、本人が戸籍を見た時に、自分がこういう生い立ちだった、ということがわかってしまうわけです。そのほかの前科であるとか、療養所や刑務所での出生であるとか、そういうことも戸籍に記載されていました。

　現在では考えられないのですが、1976年、つまり46年前までは戸籍は公開制でした。ですから、まったくの赤の他人であっても、手数料さえ納めれば、誰かの戸籍を見ることができました。正田美智子の戸籍が見たいとか、吉田茂の戸籍が見たいというような場合であっても、簡単に閲覧したり謄本や抄本を入手することができたのです。そのため、プライバシーに関する記載が非常に深刻な意味を持って、身元調査などに使われました。

II……戸籍の歴史と機能

■「天皇の臣民簿」としての戸籍

　戸籍の歴史をたどりますと、戸籍は古代から日本にあったわけですが、現在の戸籍の出発点となったものは明治になって作られました。中央集権国家の建設を目指す明治政府は、「富国強兵」のスローガンのもと、強い国を作ろうということになった時に、人口、特に成人の男子がどこにどのくらい存在するのかを把握する必要性が非常に強くなり、統一した戸籍を作ろうということになったのです。そこで1871年（明治4年）、太政官布告第170号が出され、全国統一の戸籍法として壬申戸籍が1872年から編成されることになりました。その太政官布告第170号の前文にはこのような文句が踊っています。

　「其籍ヲ逃レテ其数ニ漏ルルモノハ其保護ヲ受ケザル理ニテ自ラ国民ノ外タルニ近シ」

つまり、人は戸籍に登録されて初めて「国民」として国家に保護される
というのです。これはある意味、恫喝というか、戸籍に登録されなければ
保護してやらないぞ、だから戸籍をしっかりちゃんとつくれ、そういう話
になるのです。そうでもしなければ、そもそも戸籍などというものは、国
民にしても「なんのこっちゃ」というものだったはずです。
　さらに第一則、つまり第一条にあたりますが、ここには「臣民一般」とし
て華族、士族、僧侶、平民までを含めて、「其住居ノ地ニ就テ之ヲ収メ専ラ
漏スナキヲ旨トス」という規定があります。つまり「其住居ノ地」とある
ように住んでいるところで戸籍に登録されるということなので、血統がど
うのこうのではないのです。日本に居住する者を、外国人はもちろん除く
のですが、天皇の臣民として登録するというのです。したがって、天皇と
戸籍の関係でいうと、戸籍に載ったものが臣民であるわけですから、皇族
も含めて天皇が戸籍に載らないのは当たり前だということになります。で
すから、戸籍には"天皇の臣民簿"という意味もありますし、その戸籍に
載ったものが法的な意味での「日本人」だということになるのです。これ
を"元祖日本人"と私は呼んでいるのですが、現在の自分が「日本人」か
どうかというルーツをたどるという点では、壬申戸籍に載っているかどう
かが大きな転換点になります。
　日本の新しい領土である北海道については1871年から、そして沖縄はか
なり紆余曲折があるのですが、1886年から戸籍制度が施行されました。し
かし、アイヌの人びとは「平民」という身分になったのですが、戸籍には
「旧土人」と書かれることがあり、同じ「日本人」であるかのように見えて、
区別は公然と残すというやり方がとられました。

■「家」とは戸籍である

　そして戸籍に関して切っても切り離せないものが「家」です。家は、近
代日本国家の基盤とされて、1898年（明治31年）7月に明治民法、そして同
日に戸籍法が新たに施行され、これによって家制度が確立します。
　家制度における「家」とは何かというと、「戸主と同じ戸籍にある親族集

団」ということです。同じ戸籍にあるということは、あくまで紙の上で「家族」として同じ戸籍に載っているということです。同居しているか否かということとは、まったく関係がありません。明治民法の第732条には、「戸主ノ親族ニシテ其家ニ在ル者及ヒ其配偶者ハ之ヲ家族トス」と示されていますが、この条文だけでなく、明治民法上に出てくる「家」という文言は、そのまま「戸籍」と読み替えるとわかりやすくなります。たとえば、「子ハ父ノ家ニ入ル」（第733条）という条文があるのですが、それは、子は父の戸籍に入るということを意味します。「妻ハ婚姻ニ因リテ夫ノ家ニ入ル」（第788条）というのは、その妻が夫の戸籍に入るという意味です。ここにおいて、一家一氏一籍、つまり必ず一つの家に属して、一つの氏を持って、一つの戸籍に載るということが日本人の本分とされたわけであります。

　明治31年戸籍の見本を見てみると、まず本籍があって、その下に前戸主の名前が載り、そして現在の戸主の名前が載っています。そのほか戸主の父母の名前、出生年月日、戸主となりたる理由および年月日が載るわけです。その上の欄にこの戸籍がどのように編纂されたかという経緯が書かれています。現代であれば、親と子であれば当然、親の名前が先にくるのですが、この時代は、戸主が「一家の長」ですから、先に戸主の名前が来て、母がいたら戸主の次になります。ですから、見本では載っているのは全部で5人だけですが、場合によっては戸主の子の配偶者および子とか、戸主の兄弟姉妹、甥・姪とかが載っていることもあります。そうすると、戸籍に十何人ほどが載っており、それで一つの家となります。しかしそれらの人びとが同居しているのかどうかは関係がありません。紙の上の家、紙の上の家族、ということなのです。

■国籍と戸籍 —— 外国人の戸籍からの排除

　次に国籍に関することについて見てみますと、1899年に旧国籍法が制定され、その第1条で「子ハ出生ノ時其父カ日本人ナルトキハ之ヲ日本人トス」とされました。これは血統主義、しかも父系血統主義です。国民の資格として男の血を優先するということです。これは日本だけでなく、当時

の世界的にも、血統主義をとる国は父系血統主義でした。父親と同じ国籍になるほうが子としては幸せである、という考え方です。これが日本では戦後になっても改正されず、1984年まで父系血統主義が維持されました。

「家で決まる日本人」ということについて言うと、旧国籍法においてはたとえば、外国人の女性が日本人の男性と結婚して日本人の夫の家に入る、つまり夫の戸籍に入ると、自動的に日本国籍に変わると定められていました。これは「帰化」とは違うものです。帰化は、自分の意思で国籍を変えることなのですが、こちらはたとえ本人が嫌であろうと、外国人が婚姻や養子縁組などで日本の家に入ったら日本の国籍に変わってしまう、ということです。要するに、「日本の戸籍は日本人しか載らない」「日本の家は日本国民しか入れない」という原則がある、その結果です。

では、なぜ戸籍が日本人であることの証明なのかというと、現在も世間の人はどれくらい理解しているかわからないのですが、外国人は戸籍に載らないからです。戸籍はあくまで日本人しか載りません。ただ、現在の戸籍法の条文を見ていただくとわかるのですが、外国人は戸籍には載りませんとか、日本人しか戸籍を作ることができませんという条文は、実はまったく存在しないのです。当然、なぜだろう、という疑問が起こります。これを遡ってみると、明治民法と同時に施行された1898年の戸籍法で、戸籍の純血主義というものが明文化されていることを知りました。第170条の第2項に「日本ノ国籍ヲ有セザル者ハ本籍ヲ定ムルコトヲ得ズ」とあります。つまり外国人は本籍、すなわち戸籍を持つことができないと明文化しているわけです。この条文はこのあと議論が起きました。外国人は民法上戸主になることができません。たとえば戸主が日本の国籍を失った場合には家督相続が発生するという規定があったように、外国人は戸主になれません。結局、日本の家には入れないということです。外国人には氏もないので、この第170条第2項は別に書かなくてもわかりきったことであるとして、1914年に戸籍法を改正した時に、言わずもがなの不文律として削除されました。したがって現在の戸籍法にも、外国人には戸籍を作らないことは当たり前の事であるため、条文になっていないのです。ですから、国際結婚はいま全国民の婚姻のうちの4%ぐらいですが、その外国人の配偶

者は戸籍には載らないのです。日本人の配偶者の婚姻相手として、名前や生年月日が身分事項の欄に載るという形です。あくまで参考として載るということです。

III……大日本帝国における戸籍と国籍

■台湾と樺太の住民に対する国籍選択条項

　ここからがいよいよ本題になります。このような性格を持った戸籍というものが、大日本帝国の植民地においてどのような役割を果たしたのか、ということについてです。

　日本は明治10年を過ぎてから、欧米列強にならって対外膨張を繰り返していきました。日本としても、弱肉強食の国際秩序のなかでどう生き抜いていくかを考えた時に、自分たちも欧米と同じことをやる、という方向に進んで行くわけです。

　まずは1894年7月、朝鮮半島をめぐる対立から清との間で日清戦争が勃発し、8カ月にわたる戦争に勝利した結果として、清から台湾を獲得しました。戦争などで領土が変更になると、領土の住民の国籍の扱いが問題となります。台湾の住民についても、その国籍をどうするかという問題が発生しました。これについては、下関条約（日清講和条約）において国籍選択の条項が設けられ、条約の発効から2年以内に台湾を退去しない者については、日本国籍として扱うということになりました。日本人になりたくない者は台湾から退去せよ、ということです。西洋では19世紀以降、本人の意思に関わらず国家が国籍を奪ったり与えたりするのはよろしくない、選択の自由を与えるべきであるという思想が浸透しており、下関条約もそれを反映したものでした。

　その10年後の1905年9月には日露戦争にどうにか勝利した日本は、ロシアから樺太の南半分を獲得しました。ここでは便宜上樺太と呼びますが、正確には南樺太です。ロシアとのポーツマス条約において、樺太のアイヌについては台湾と同じように国籍選択の条項が設けられています。ただ数

は少ないのですが、アイヌ以外の原住民も樺太には住んでいました。そのようなアイヌ以外の原住民の国籍については、グレーゾーンとして据え置かれました。日本政府の見解を当時の文書などで探しても、原住民の国籍について言明している箇所が見つけられませんでした。結局、数が少なかったために、なし崩し的に日本人として扱うという方向になったようです。

■朝鮮人への日本国籍の強制と国籍法の未施行

さらに1910年8月には大韓帝国、つまり韓国を併合し、この場合は「韓国併合二関スル詔書」において、明治天皇の言葉として「茲二永久二韓国ヲ帝国二併合スルコトトナセリ」と宣言されました。「永久二」などという言葉を使っていることからわかるように、今後日本が手放すことはないという前提だったのです。韓国併合条約にも第1条にやはり「韓国皇帝陛下ハ韓国全部二関スル一切ノ統治権ヲ完全且永久二日本国皇帝陛下二譲与ス」という文言があるように、一国まるごと併合したことをもって、朝鮮人は自動的に「日本人」とされたのです。

台湾や樺太と違うのは、朝鮮人に関しては選択権を与えていないということです。有無を言わさず、すべての人が日本国籍であると強制したわけです。ここで確認すべきことは、植民地の出身者は形式上、すべて日本国籍であったということです。ここが重要な点です。

ただ、その国籍に関する扱いも植民地によって相違がありました。特に朝鮮については、旧国籍法が施行されませんでした。国籍法が施行されないと、どういうことになるでしょうか。旧国籍法には、国籍離脱の自由が認められていました。「自由」といってもあくまでこの時代の「自由」ではあるのですが、第20条に「自己ノ志望二依リテ外国ノ国籍ヲ取得シタルモノハ日本ノ国籍ヲ失フ」と規定されていました。外国に帰化した者は、自動的に日本の国籍を失うわけです。したがってそれを「国籍離脱の自由」という理由は、もし日本の国籍を離脱したければ、外国に帰化すれば離脱することができる、ということによります。台湾と樺太には旧国籍法が施行されているのですが、朝鮮には施行されなかったため、朝鮮人はこの第

20条にもとづく国籍離脱の権利を奪われることになりました。

　なぜ朝鮮に限って国籍法が施行されなかったのかという理由については、先行研究などを見てみても、あまり説明されてきませんでした。私も色々と調べてみたうえで、一番しっくりくると思えたのは、1925年（大正14年）11月に朝鮮総督府が作成した第51回帝国議会説明資料、いわゆる国会の想定問答にあった内容です。これは、こういう質問が来たらこう答えるように、という官僚が作った答弁書なのですが、ここに朝鮮に国籍法を施行しない理由について次のような答弁が用意されていました。「一旦彼等（報告者注─朝鮮人のこと）カ支那ノ国籍ヲ取得セムカ支那領土内ニ於テ排日運動ヲ起シ独立運動ヲ試ムルモ我ニ於テ取締ノ途（みち）ナク、……国境方面ニ於テモ其ノ何レカ帰化鮮人ニシテ何レカ本来ノ朝鮮人タルヤヲ識別スルコト困難ナルヲ以テ『取締上ノ不便困難』ハ計リ知レズ、公ニ在満鮮人ノ帰化ヲ認メサルヲ得策トス」というものです。

　「在満鮮人」という言葉があるように、満州には当時在外朝鮮人の9割が暮らし、特に中国と朝鮮の国境付近にある間島（現在の吉林省）に集中していました。もし朝鮮人が中国に帰化した場合、旧国籍法第20条によって日本国籍を失います。主権国家は外国の領土にある自国民に対して、保護するとか逮捕するとか、そういう権利を行使することができます。しかし自国民が外国籍になってしまえば、取締まりや保護をする根拠は失われてしまいます。したがって、在外朝鮮人が日本国籍を離脱して排日運動や独立運動をおこなった場合、それを取り締まる道がなくなる、ということになります。そのため旧国籍法を朝鮮人に適用すると日本にとって不利になる、このような考え方がこの答弁に示されている、ということです。

　間島には韓国併合前の19世紀末から朝鮮人の移民が増加しており、清国の方でも朝鮮人に対して帰化するように圧力を加えていました。そういうこともあって、日本は清との間で間島在住朝鮮人の法的地位に関する交渉をおこなった結果、1909年、「間島に関する協約」を結び、間島在住の朝鮮人は清国における土地の租借権等を保障されるということになりました。

　この協約によって、朝鮮人に清の土地を買ったり借りたりする権利が保障され、しかも韓国併合後に朝鮮人は「日本人」ということになるのです

から、日本としては、満州に進出していく足がかりとしてこれを利用しない手はありませんでした。それはどういうことかというと、もし現地で朝鮮人と中国人の紛争が起こったとしたら、朝鮮人は「日本人」なのですから、それを保護する名目で軍隊を派遣することも可能になるわけです。したがって朝鮮人は、日本人が満州での権益を拡大していく際の尖兵として利用されることになりました。そこで国籍が利用されたということです。

　一方、間島は先ほどの帝国議会答弁書にもあったように、朝鮮独立運動の本拠地でもありました。1920年、原敬内閣の時ですが、原敬が朝鮮独立運動家を鎮圧するために現地に軍隊を派遣しています。やはり朝鮮人が日本国民であることが、日本政府によって取り締まることができるという根拠になるのです。

　したがって、国籍離脱の自由を含んでいた旧国籍法が朝鮮に施行されなかった理由としては、一つは在満朝鮮人が持つ経済的な権利を日本人の権益として保護すること、もう一つは、日本の主権の及ばない領域で朝鮮人に対する日本の警察権を確保すること、この二つの理由があったと考えられます。結局、朝鮮人は戦後になるまで、日本の国籍から逃れることはできませんでした。

IV……戸籍による帝国臣民の区分

■内地／台湾／朝鮮に区分された戸籍

　次に、戸籍による帝国臣民の区分ということについてですが、民族イコール血統にあらず、ということを強調しておきたいと思います。日本政府の植民地政策においては、しばしば皇民化政策が強調されるために、同化主義のイメージが強いようですが、実は必ずしもそういうわけではありません。日本政府はやはり慎重に植民地支配を進めるために、いきなり日本の内地にある制度を押し付けるようなことはしませんでした。当時は「旧慣」という言葉が使われたのですが、植民地独自の家族や生活をめぐる慣習を尊重し、それと適合するような植民地に限定した特別法を制定する

方針を取ったのです。その結果、植民地は、内地とは適用法の異なる領土ということで、「外地」とされました。一方、従来の日本の領土（北海道・沖縄も含む）は、「内地」という区分になります。

ですが聞いた話では、北海道の人はいまでも本土のことを「内地」と言うことがあるそうです。沖縄の人も、報道ではしばしば「本土」と言いますが、日常では「内地」と呼んでいるらしいので、そのあたりの意識の差はあるようです。

それはさておき、旧慣尊重主義の象徴が戸籍制度に現れることとなりました。大日本帝国の戸籍制度としては、壬申戸籍から始まる従来の内地の戸籍とは別に、台湾には台湾戸籍が作られ、1905年から実施されました。そして朝鮮には朝鮮戸籍が作られ、こちらは1923年から実施されました。

一方で樺太については、朝鮮・台湾と違って、そもそも内地からの移住者が人口の9割を占めており、1875年までは日本の領土だったということもあるので、わざわざ特別に樺太戸籍というものを作ることはありませんでした。樺太は1924年（大正13年）に植民地では唯一、内地の戸籍が施行されます。樺太にいたアイヌもはじめは戸籍の適用外だったのですが、1933年（昭和8年）になり、もうかなり内地の人間に同化したということで、戸籍が適用されました。

このようにして、大日本帝国における、広い意味での「日本人」と言った時、戸籍の区分によって内地人／朝鮮人／台湾人という区分ができたということになります。これは「血統」による区分ではありません。「戸籍」が内地、朝鮮、台湾のどこにあるかによって決まるということです。

この点について、東京帝国大学教授で国際私法の日本におけるパイオニアとして名高いのと同時に、政府において植民地関係の法制度を中心となって作った山田三良は1918年に議会で以下のように答弁しています。当時の彼は法制局参事官という立場でした。「朝鮮人トハドンナモノデアルカト云エバ、第一朝鮮ノ民籍ニ依テ極テ居リマスカラ、ソコデ朝鮮人ノ何タルコトハ分ツテ居リマス」。この答弁の中の「民籍」とは戸籍のことで、「朝鮮人とは何か」ということについては、もう血統は問題ではないのです。それは戸籍によって決まっているということです。

大日本帝国における日本人の内訳については、こちら（表2-1）に示しましたが、日本人と樺太アイヌが内地人です。それは内地の戸籍が適用されるかどうかによります。外地人とされたのが、台湾人、朝鮮人、樺太原住民です。ただし、「台湾人」というのも本島人（漢族）と、蕃人（高砂族）と呼ばれた原住民とに分かれていて、台湾戸籍は本島人にしか適用されませんでした。台湾原住民については、蕃社台帳といって、蕃人つまり原住民専用の登録簿に記録されました。アイヌ以外の樺太原住民については、戸籍というよりもっと簡易な「土人戸口簿」というものによって管理されました。ここでは「土人」という名称が使われています。アイヌは「旧土人」と言われましたが、原住民はそのまま「土人」と呼ばれました。

■「内地人」と「外地人」という区分

　植民地の人たちは対外的には、つまり外国に対してはみな「日本人」である、日本国籍であると言われていましたが、対内的に、国内では「外地人」と言って、内地人とは区別されました。

　なぜ戸籍を植民地とで厳密に区別したのかということについては、いまのところ確たる理由を述べている公文書などを、私はまだ見つけられていません。ただ、関係する資料を見た結果としては、やはり「戸籍こそが正当な日本人の証しである」という思想が影響しているのではないかと思われます。壬申戸籍が元祖日本人の登録になったわけですが、壬申戸籍から続く、内地の戸籍というものは植民地とは峻別すべきであろう、ということです。戸籍を同じくすると、血が混ざり合ってしまうのではないか、という考えがあったようです。後でも言いますが、血統などというものは結局そのような純粋なものではないのですが、やはり戸籍を別にすることで、心理的な安心感を得るというか、そういう部分があったのではないでしょうか。

　戸籍が内地と外地で違うというときに、これが法律上のどのような影響を与えたかというと、もっとも大きな影響は兵役の問題です。兵役法は1927年に制定されたものを見ると、第九条第二項に徴兵対象を「戸籍法ノ適用

「民族」の区分		識別の基準	根拠法
内地人	日本人	内地戸籍	戸籍法
	樺太アイヌ（1933年〜）		（1872年壬申戸籍〜）
外地人	台湾人　本島人	台湾戸籍	戸口規則
	蕃人（高砂族）	蕃社台帳	蕃社台帳様式
	朝鮮人	朝鮮戸籍	民籍法・朝鮮戸籍令
	樺太原住民（アイヌ以外）	土人戸口簿	樺太土人戸口規則

表2-1　「帝国臣民」の区分—戸籍を基準とした「民族」の境界（1933年以降）

ヲ受クル者ニシテ……年齢17年ヨリ40年迄ノ者」と規定しています。「戸籍法ノ適用ヲ受クル者」というのは、内地の戸籍法の適用を受ける者、つまり内地人のことです。ですから朝鮮人、台湾人などは兵役の適用外となるのです。

■「家」（=戸籍）が「民族」を決める

　次に、家の原理が生み出す「民族」の転換ということについて考えてみます。ここまでお話してきたように、戸籍は正当な日本人の証とされています。ただ、それはあくまで思想にすぎません。社会の実際においては、たとえば、朝鮮人、または台湾人と内地人の間で婚姻や養子縁組があった場合、その結果として朝鮮や台湾から内地の家に入る、または内地から朝鮮や台湾の家に入る、ということが起こります。あるいはまた、朝鮮から台湾の家に入る、という場合もあるでしょう。このように、個人が家を移動するわけです。そうして、内地の戸籍から台湾の戸籍に入ったり、逆に朝鮮の戸籍から内地の戸籍に入ったりすると、先ほども言ったようにどの戸籍に入っているかで内地人／朝鮮人／台湾人であるかが決まるわけですから、戸籍を移動することによって、内地人が「朝鮮人」になったり、台湾人が「朝鮮人」になったりする、つまり「転換」されることになるわけです。

　たとえば、内地人の女性が朝鮮人の男性と結婚した場合、内地の戸籍を出て朝鮮の戸籍に入ることになります。そうすると「朝鮮人」になってし

まうのです。家を移動する事で「民族」が転換することになるのです。旧国籍法の原理と同じで、外国人が日本の家・日本の戸籍に入ったら自動的に「日本人」になる、という原理がここでも適用されているということです。国籍は関係ないですけれども、民族が変わってしまいます。したがって、家というものが人の属性を決めるということになります。その家に入ったら、その家の一員ですよという、家の原理がいかに強い力を持っていたかということの現れです。

Ⅴ……皇民化とそのジレンマ

■皇民化と「創氏改名」

　次の論点に移ります。皇民化とそのジレンマということについてですが、戸籍は植民地支配の急所である、ということです。1937年7月に日中戦争がさらに拡大します。ここに至っていよいよ朝鮮人、台湾人も兵役の対象として、本格的に皇民化を進めていくことになりました。

　そのなかでおこなわれたのが有名な創氏改名です。朝鮮人だけでなく台湾人にもおこなっているのですが、朝鮮や台湾の人にはもともとの姓があります。これは氏ではありません。姓は彼らのアイデンティティの現れです。彼らの姓は、日本の姓とは違って父系の血統を示すものです。日本でも近代以前は同様だったのですが、いまの日本では姓も氏も苗字と同じ意味になっています。しかし、朝鮮・中国などの儒教社会では、父系の血統を示すために、結婚しても姓を変えないということが原則です。家名とはまた違うわけです。

　日本の氏は、古代から天皇が「よき臣民」に授ける栄誉という意味があり、同じ血縁でまとまっている一族が氏を名乗るというものです。それが次第に家名となっていくわけで、いまでも戸籍上は「氏」と記されています。普段の会話だと姓、より身近な言い方をすれば苗字と言いますが、氏と言う場合は家名です。「○○家」の名前、ということです。遠藤家の氏というのは遠藤になるわけです。いまでも結婚式披露宴の会場などでは、

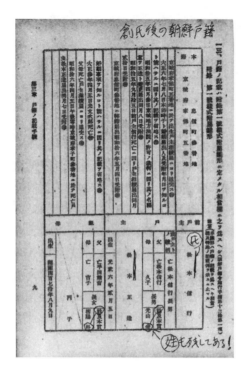

図2-1　創氏改名後の朝鮮戸籍

「〇〇家」とありますが、あれも結局のところ氏です。まさに、「家同士の結婚」ということなのです。

　「皇紀2600年」となる1940年の2月11日、つまり初代天皇とされる神武が即位した日を起点として、朝鮮人に創氏を強制的に実施するということになりました。巷で多くの誤解がはびこっているのが、これが強制だったか強制ではなかったかということについてです。氏を作らせること自体は強制です。ただ、どのような氏にするかは本人の自由に任せられていたし、届出制でしたから、おそらく届け出なかった人も大勢いたでしょう。届け出をしなかった場合どうなったかというと、例えば金とか李という姓がそのまま戸籍上の氏にされました。ですから、氏を創るということ自体は強制でした。

　ただ、それについて「名前を奪われた」という言い方がしばしばされる

ことがありますが、ここにも少し誤解があるのです。実は戸籍の上では姓も残してあるのです。これは、創氏改名後の朝鮮人の朝鮮戸籍の見本です。ご覧になっていただくとわかるように、戸主とか前戸主とかいう日本の明治31年式戸籍とよく似た形式になっています。戸主の氏名が松本正造となっています。その前戸主が、お父さん、松本信行とあります。1940年に創氏をおこなって松本に変わったのですが、戸主松本正造とある隣に父母という欄があり、その下に長男とあって、またその下に「姓および本貫」という記載があるのがわかりますか。本貫というのは朝鮮独特の概念で祖先の出生地のことです。見本を作った人が順番を間違えたのでしょうが、姓が金で、本貫は光山ということです。なので、創氏改名後も戸籍上にはちゃんと姓も残してあったのです。

　これをどう考えるべきか、ということです。さすがにすべて姓を奪って氏に変えさせるのはあまりにも可哀想だから、恩情として姓を残しておいたのか、あるいはまったく日本人と同じように氏名だけになってしまうと区別がつかなくなるので、これは朝鮮人だという証拠を残して、区別をきちんとしておきたいという理由だったのか、どちらであるのかは定かではありません。

■台湾における「改姓名運動」

　台湾でも同じく1940年に「改姓名運動」がおこなわれました。これは「運動」とあるように、強制ではないのですが、日本語が得意だとか、「皇民化」を認定された台湾人については、氏名への変更を許可するというものです。「許可」と言ってはいるのですが、たとえば、公務員や学校の先生など、公職に就いている台湾人には圧力がかかって「改姓名」するよう命じられたという証言が残っています。結局、台湾人は漢族であり、当時日本が戦っていた中国人と同じ民族であるため、台湾人における「漢族意識」を抹消しようという狙いがあったのでしょう。氏を作る意味はやはり、天皇の臣民として氏は家のシンボルですから、日本の家の秩序に植民地の人びとを回収して、現人神・天皇が一家の長である「日本」という家にすべ

ての臣民が「天皇の赤子」として包摂されるという「国体」に朝鮮人、台湾人を統合しようということだったのでしょう。

■戸籍外の在満朝鮮人

　ただ朝鮮戸籍については、その機能が盤石だったかというと、実はそうでもありません。戸籍のない朝鮮人、つまり「朝鮮人」としての証明なき人々がたくさんいました。それが、先ほどもお話しした在満朝鮮人です。

　朝鮮以外に住む朝鮮人の約9割が満州におり、特に先に述べた間島に集中していたのです。こうした人々の多くは朝鮮戸籍が実施される以前に満州に移住していたので、朝鮮戸籍に載らないまま暮らしていました。

　この問題については日本政府も何とか解決を図ろうといろいろ苦心していました。1934年から1935年にかけて外務省が在満日本領事館に命じて無戸籍の朝鮮人がどのくらいいるのか調査したところ、少なくとも約43万人が確認されています。ただし、「不明」という調査結果もいくつかあります。結局のところ、戸籍がない人間を探り出して、「お前は戸籍がないのだな」と確認していくのがいかに難しいかがよくわかります。特に間島には30万人もいるわけですから、戸籍のない朝鮮人、言い方を変えると、戸籍の支配のまったく埒外にあった朝鮮人がもっとも多かった地域ということです。戸籍がない朝鮮人は、実際にはおそらく100万人以上いたとも言われています。

　戸籍がないということは結局、身分証明がないということなので、「朝鮮人」であるという証明がないのです。ですから普段の生活などはどうなったのだろうと思いますが、これだけの数字があったことを考えれば、戸籍がなくてもそれほど不自由なく生活していたということでしょう。

■植民地における徴兵——戸籍法との関係

　第二次世界大戦末期には植民地にも徴兵制が施行されました。朝鮮は1944年、台湾は1945年からです。先に述べた通り、兵役法では「戸籍法

ノ適用ヲ受クル者」が対象であるという文言があったのですが、どうやって朝鮮人・台湾人に戸籍法を適用するのかと思いきや、まず朝鮮人の場合は「戸籍法及朝鮮戸籍令ノ適用ヲ受クル者」と文言を修正します。次に台湾人の場合は、その文言をそっくり兵役法から外したのです。このような方法をとることで、朝鮮人、台湾人に戸籍法を適用せずに兵役法を適用することができたのです。

　その結果、朝鮮人は242,341人、台湾人は207,183人が軍人・軍属として戦場に臨み、死者・行方不明者は朝鮮人が22,182人、台湾人が30,304人となりました。そのうちBC級戦犯に処されて死刑となった人もいました。このように、帝国臣民だ、天皇の赤子だとして兵役を課するも、戸籍は最後まで区別したということです。制度上は差別しながら、精神上は同化という両刀使いです。

VI……戦後の植民地出身者への対応

■名ばかりの「日本国籍」と外国人登録

　さて、では戦後にどうなったかというと、終戦をもって事実上植民地支配が終結するのですが、国籍の話でいうと、終戦時に日本には約200万人の朝鮮人がいたと言われています。その翌年から多くの人びとが一斉に朝鮮に帰還するのですが、その後、朝鮮戦争が起こったことなどもあって戻ってくる方も多く、結局約55万人が日本に残留することになりました。

　日本政府の見解では、日本に住む朝鮮人・台湾人は、日本と連合国との平和条約が成立するまでは日本国籍として扱うということでした。ただし日本国籍といっても名ばかりで、1945年12月には権利上、認められていた朝鮮人・台湾人の参政権を停止し、さらに1947年5月2日、つまり日本国憲法施行の1日前に施行された外国人登録令において朝鮮人・台湾人は「外国人とみなす」とされ、外国人登録の対象とされることになりました。本当に形だけの日本国籍でした。

■植民地出身者の日本国籍喪失 ── 利用された戸籍による区分

　そして1952年4月28日にサンフランシスコ平和条約が発効します。この時点をもって朝鮮、台湾、樺太は正式に日本から独立したということになります。しかしこの条約には、朝鮮人・台湾人の国籍に関する条文がありません。それでどうしたかというと、この条約発効の9日前に、法務府（現在の法務省）民事局長の通達が出されます。これによれば、平和条約発効の時点で朝鮮戸籍・台湾戸籍に入っていた者はそれぞれ「朝鮮人」「台湾人」とし、内地戸籍に入っていた者は「日本人」とする、ということで、前者については日本国籍をみな一斉に失う、とされたわけです。

　これについては、誰を「日本人」とするかを決めるために便宜上、このような方法を取らざるを得なかったのだという言い分はあるかもしれませんが、しかし国籍の選択権を与えなかったという点が大きな問題です。先ほども話したように、台湾と樺太については日本の領土に編入する際には選択権を与えたのであれば、日本領土から独立させる時にも選択権を与えるべきではなかったのか、ということです。そして注目すべきは、そのために最大限に利用されたのが、植民地時代の戸籍の区分であったということです。

　この時に日本国籍を失ったことで、徴兵されて日本兵として従軍し、亡くなったり怪我をしたりした人に対しては、一切の戦後補償が与えられないこととなりました。恩給法や戦傷病者戦没者遺族等援護法などには国籍条項があったからです。さらに、後者の戦傷病者戦没者遺族等援護法には戸籍条項も設けられており、戸籍法の適用を受けないものにはこの法を適用しないという、念入りな除外がおこなわれました。

　その一方、朝鮮人・台湾人でBC級戦犯となった人たちは平和条約発効後になっても巣鴨プリズンに拘留され続け、彼らが釈放を求めても、戦犯に対する判決が下された当時は「日本人」だったという理由で釈放を却下するという、非常に矛盾する対応が目立つわけです。一体、国籍とは何なのだろうという話ですね。

■おわりに──より開かれた社会のために

　以上、まとめますと、帝国日本における「国民」や「民族」の区分は、「血統」よりも「戸籍」によって決定されたということがおわかりいただけると思います。日本人（内地人）の範囲はたいへん融通無碍に決まっていたということです。「家」というものが基盤になって、家が個人を統制する、それが近代日本の国家であったということもわかると思います。

　戦後になって日本は、先ほどお話したように、戸籍に基づいて「日本人」を再編しました。国籍上は血統主義をまだ維持していますから、在日コリアンなどは、もう四世五世にもなって日本で生まれて日本語しか話せない、韓国に行ったこともない、しかし国籍上は外国人であるという、非常に内向きな国民国家になっています。これはたいへん皮肉なことなのですが、戦前は家を通じて外国人が自動的に日本国籍になったわけですから、実はかえって戦前のほうが日本国籍の門戸は広かったとさえ言うことができるのです。

　民主主義というものを考えた場合、戦後になって家制度は廃止されたけれども、日本国籍の門戸をもう少し開くことはできないだろうかと思います。今回の参院選でも外国人受け入れと国籍法の関係を公約に掲げるところはほとんどありませんでした。ですから、こうした論点についての開かれた見解を政治には期待したいと思います。以上で話を終わりたいと思います。ご静聴ありがとうございました。

なぜ韓国社会は
戸主制／戸籍制度を廃止したのか
被植民地秩序、家父長制解体をめざす
市民の連帯から学ぶ

［講師］
梁・永山聡子

I……研究者としての歩みをふり返って

■「フェミニズムなくしてデモクラシーはない」

　私はこの戸籍制度についてはむしろ学ぶ側の人間です。二宮さんや遠藤さんの本を、まさに貪るようにして読んできました。ですが、いただいたテーマは私が長らく研究してきたことに深く関係したものですので、ぜひみなさんとその内容を共有しながら、一緒に考えて、いい知恵を出していけたらと思っています。

　いま私の背景に設定してある写真は、韓国の正義記憶連帯の博物館に行く道と、事務所に通じる道を撮ったものです。子どもたちがハルモニを思って作った絵が飾ってあります。また、今日私が着ているTシャツは、韓国の女性団体が作ったTシャツです。「フェミニズムなくしてデモクラシーはない（FEMINISM PERFECTS DEMOCRACY）」と書かれています。

　本日は韓国のフェミニズムの話を中心にお話していきます。

韓国の正義記憶連帯の博物館に行く道と、事務所に通じる道

■韓国市民運動とフェミニズム

　本日発表することは、私一人の研究から得られたわけではなく、韓国人のフェミニストで大学院生の崔藝隣（チェ・イェリン）さんと一緒におこなった結果です。崔藝隣さんとは、日本軍「慰安婦」問題を含む日本軍の性暴力／性奴隷制（以後「日本軍の性暴力」）に関する韓国政府の資料調査を一緒におこなっていました。いまは政権が変わったので少し事情が変わりましたが、文在寅政権当時は韓国の市民運動の資料をとても重要視しており、日本からもたくさんの資料を買い取ってアーカイブするという事業をおこなっていました。私はその事業の一端に関わる過程で、韓国の市民運動の充実ぶりを実感しました。私たちはその事業に参加して一緒に勉強しながら、いったいどの時点で、韓国の市民運動、いわゆる左派運動が、「フェミニズム運動」化してメインストリームになっていったのだろうかということが気になり、調べていったところ、やはり戸主戸籍制度を廃止した、ということが大きかったのではないか、という考えがまとまってきました。

■被植民地秩序と家父長制の核心としての戸籍制度

重要な点として、本日は戸主制度をメインにお話します。「あれ？　戸籍ではないの?」という疑問があるかもしれませんが、韓国では、戸主制度がなくなることによって、ほぼ同時に戸籍制度がなくなりました。そういう意味も含めて、題名は「戸主／戸籍」としています。

もう一つ重要なことは、被植民地秩序と家父長制の解体です。「家父長制」についてはご存知かと思いますが、では、「被植民地秩序」とは何か。日本では、韓国は「反日」であるとか、韓国は日本の言うことを聞かない、などとしばしば言われます。しかし私自身が韓国社会を見続けてきたことから言うと、韓国社会は日本に迎合というか、日本秩序を解体することがとても大変だった社会だと言えます。韓国の政権が植民地支配をより肯定する政権になったり、市民寄りの自主性を伴う政権になったり、このような往復の過程を通じて、韓国社会は、自ら脱皮していくように、植民地秩序を解体していったのです。また、植民地秩序に残念ながら紐付いてしまっていたのが、家父長制です。これが日本の植民地時代に体系づけられ、決定づけられました。つまり家父長制社会を変えるには、日本が作ってきた植民地秩序、および植民地制度を変えない限り変わっていかないということに、韓国社会が気づいていく瞬間があるのです。そこで重要だったのが、実は戸籍制度の問題だった、ということです。

■社会運動への気づき──自己紹介に代えて

私は、運動と研究に明確な境界はないと考えています。その考えになったのは、韓国の社会運動に接するようなってからです。それまでは、韓国に行ってもいままでの生活と同じスタンスでしたし、社会運動には懐疑的でした。日本社会では、社会運動は勢力も小さくて、とても軽視されているからでしょうか。私の両親は長く社会運動に関わってきていて、「どうしてこんな無益な社会運動などに力を入れちゃっているのだろう?」と冷笑するような気持ちとともにその姿を見ていました。そこで、「学者になれば

教科書も書けるし、権力も持つことができる。そうして政治中枢に入ることができれば、社会は変えられる。」と恥ずかしながら、本気で思っていました。ところが日本軍の性暴力サバイバーや、その支援者、そして韓国の社会運動との出会いによって、そのような考えはすべて消えていきました。そのように思っている私自身が、権威主義とコロニアル状況、そして日本の家父長制といった社会を変えない土台になってしまっているのだ、ということに気づいたのです。

■現在の研究テーマ

　私は、社会学を基礎に、ジェンダー、フェミニズム研究、社会運動論、朝鮮半島の歴史と社会運動の関係を研究しています。実際の社会や人々はその現象をどのように生成するのか、それをどのように受け止めているのか、などを見ていくことを得意としています。

　現在の研究課題は「ポストコロニアル社会における植民地主義残滓のフェミニズム」です。フェミニストたちは「フェミニズムは1つだ」と語りがちですが、植民地支配の関係を抜きには議論できない、ということを批判的に研究しています。その具体的な事例としては、在日朝鮮人女性のアクティビズム、日本軍の性暴力、リプロダクティブヘルスライツなどです。

　いま、韓国の戸籍制度・戸主制度廃止をめぐる運動についての研究とあわせて、植民地秩序と女性の身体との関係について研究しています。朝鮮植民地、朝鮮女性に対する侮蔑的な知見や差別的知見など、植民地期における近代医療、そしてそれを担った医者や科学者といった日本の知識人が作ってきた差別秩序を研究しています。近く、運営する運動団体ふぇみ・ゼミ＆カフェから出る書籍に寄稿しています。

　近年の成果は、2022年発売の『ハッシュタグだけじゃ始まらない　東アジアのフェミニズム・ムーブメント』(大月書店) です。これは研究者、活動家仲間と一緒に作った本です。私は韓国の部分を担当しており、主に性暴力、大衆化の一つとして、ドラマや作品にどのようにフェミニズムが描かれているかなどを担当しました。韓国社会のフェミニズム運動がよくわか

る一冊だと思います。中国、台湾、香港についても書かれていますので、よかったらお手にとってみてください。

■現在の活動

2010年代から日本軍の性暴力問題に関わることになりました。ただ、もうみなさんもご存知の通り、当事者がどんどんこの世を去っていきますし、病気がちになっていますので、ご本人から直接経験を伝えてもらうというよりは、その認識をどうやって世界に、特に被害地域社会、および被害地域の若者たちに伝えていくかという時代に入っています。私は中国の海南島のサバイバーに、韓国では、日本側のスタッフとして日韓の若者支援に関わることになりました。下の世代が育ってきているので、大変嬉しいです。

現在は、日本軍の性暴力をはじめ、ジェンダー平等に関する活動をしています。この問題に携わってきた多くの先輩たち、たくさんの方々との出会いがきっかけとなりました。また、仲間と2014年からふぇみ・ゼミ＆カフェの前身のゆるふぇみ・カフェを創り、現在に至っています。

私は在日朝鮮人三世なので、在日朝鮮人社会の中での性差別の解消ということについても活動しています。多くの在日朝鮮人が持っている差別意識として男尊女卑があります。とてもシンプルな男女差別なのですが、それは朝鮮社会に由来するものだと、多くの人が内面化してしまっているのです。日本帝国主義によって創造された性差別を内面化しているので、これを解体するのは本当に大変な作業だと感じています。在日朝鮮人自身が、いかにして自分たちの差別意識を脱植民地化することが大事か、日常で実感しています。これも私の研究や活動にとってはとても貴重な経験となっています。

また、別のマイノリティの方々とも、社会運動についての研究をしてきました。これを東アジアで串刺しにした研究会が2017年頃から続けられています。継続的に活動して、ここでも大変貴重な機会をいただくことができました。日本において、同じ世界にいて、同じように社会をよくしようとしている中で、なぜマイノリティ同士のいさかいが起きるのだろうか、

なぜ認識がここまで違うのだろうかということを、当事者である研究者や活動家など、さまざまな人たちと喧々諤々と研究しながら、新しい形を模索したいということでおこなったものです。この研究に携わる上でも、韓国には何度も足を運んでいます。たとえば、私はいままで韓国の障害者運動に関わることはできていませんでしたが、これをきっかけに韓国の障害者運動に足を踏み入れることができ、そこでさまざまな問題を知ることができました。それから貧困を解消するための運動にも出会うことができて、ここで自分の意識もまた大きく変わりました。

　私のさまざまな研究と、さまざまな認識の中で、当事者から、私も当事者の一人なのですけれども、活動を通して知ったことをお話ししたいと思います。

II……韓国社会におけるフェミニズム

■フェミニズムの深化と「右旋回」

　ここ数年、私は韓国の話をする機会をとても多くいただくようになりました。うれしくはあるのですが、もともと私は韓国を専門とする研究者でもなければ、朝鮮半島のフェミニズム研究者でもありませんでした。毎回、依頼が来るたびに、「韓国社会においてジェンダー平等やフェミニズムが大きく広がったけれども、日本において、ジェンダー平等やフェミニズムを専門に研究しながら、運動もしながら、さらに歴史を軽視せずにしっかりと踏まえた上で、自分のルーツを手放さず、しかしそこに陶酔せずに相対化しながら、韓国社会をアクチュアルにとらえる人が少ないのだろう」と思い、私でいいのだろうか、と思いながらお引き受けしながら勉強しています。

　BBCでも特集されましたが、韓国は世界で1番フェミニズムの議論が広がっているのではないかと言われているほどです（2018年3月27日BBC「MeToo」運動　韓国でも広がる https://www.bbc.com/japanese/video-43537603　最終閲覧2023年8月13日）。これについてはさまざまな議論もありますが、韓国におけるフェミニズムの広がりを示す象徴的なできごととして、2022年3月の韓国大統領

選挙の状況をお伝えします。その前にフランスの大統領選挙をご覧になられた方はおられますか？　フランスもすごかった。もうフランスは、極右まで「私はフェミニストだ」と言っていました。フェミニストだと言わないと選挙に落ちてしまうということなのです。そして韓国も同じように、ジェンダー平等、フェミニズムが広がっていて、フェミニストであるということを公言することによって社会的に支持が得られるようになってきています。

　ところが今回大統領になった尹錫悦（ユン・ソンニョル）は、それを逆手にとって、まだいるフェミニズム嫌いの人たち、ジェンダー平等になってほしくない人たちを取り込めば自分は勝てると思い、旋回したのです。私はこれを「右旋回」と言っていますが、反フェミニズム、反ジェンダー平等旋回をして、彼は見事大統領になりました。しかし、これは実は社会がフェミニズム化しているからこそ、逆に少し残っている火種を大きく燃やして勝つことができたということだろうと、私は思っています。その時に、尹錫悦陣営が言ったのは、「フェミニズム社会を変えろ、女性家族部を廃止しろ」ということでした。

　驚かされるのは、投票結果を見ると、20代男性の半数以上が反フェミニズムである尹錫悦に投票し、一方で女性は文在寅政権を踏襲する候補に半数以上が投票しています。また、フェミニストの女性候補への投票に関して見ると、20代女性の投票数は、20代男性の4倍以上となっています。それだけの女性がフェミニズム、フェミニストを支持したということです。

　この分断状況は、当事者が分断しているというよりも、政治が分断させてきたのだと言えると思います。これについては後でも少し説明しますが、アジア女性資料センターの論考に、キム・ミジンさんが詳しく書いてくれています。韓国社会のいまを知る上では、これは必見です。（金美珍［2022］「韓国の大統領選挙とフェミニズム」『f visions』No.5　アジア女性資料センター）

■韓国女性家族部の持つ意義

　さて、大統領選挙の争点にさえなった女性家族部についてお話ししましょう。この女性家族部は、今回のテーマ、戸籍制度廃止をはじめとする

ジェンダー平等政策には、重要な省庁です。

戸籍制度に関しては、文在寅政権の時に、ジェンダー平等が進んで、家族制度もかなり変化し、大きな進展が見られました。このまま文在寅政権と類似する政権がもう1期続くなら、韓国は国籍の制度が変わるだろうと私は予測していました。さらに、結婚制度も抜本的に変わるはずでした。これについては単に予測していただけではなく、2021年の女性家族部の白書において新しい家族の在り方が書かれています。一夫一婦制、さらにヘテロセクシャリズム結婚制度、および血縁主義を解体しようとしていました。いまはややペンディングになっています。こういった動向をもとにして、どうしてこういうことになってきたのかということを書きましたので、よかったらぜひご覧下さい。（梁・永山聡子［2021］「『家族』とは何か？－韓国市民の意識の変化に追いつかない韓国社会の法・制度－」『f visions』No.4　アジア女性資料センター』）

女性家族部の注目政策の一つに日本軍の性暴力に関するものがあります。「日韓合意」そのものに対しては、私は大いに批判的な立場ですが、政府と政府の間の議論をおこなうまでに至ったのには、社会運動の努力は言うまでもありませんが、女性家族部の存在も見逃せません。実際に「日韓合意」の握手をしたのは韓国の外交部と日本の外務省です。そのため、おかしな「外交関係」となってしまった。しかし、女性家族部ではじっくりと丁寧に日本軍の性暴力問題は、ジェンダー、フェミニズムの問題として認識しなくてはならないとしていきました。それは、運動の成果であり、韓国社会に、戦時性暴力は国家と国家の関係だけで収まる問題ではない、と認識を改めさせ、韓国政府の出した答えは、女性家族部に日本軍慰安所研究所を創設したことです。それはとても大きく、重要な変化でした。

ですから、いまの尹政権はそれが大いに「嫌」なわけです。日本軍の性暴力問題はどうにかして葬り去って、日本と韓国の関係を、ある一部の経済関係だけを豊かにするために利用したいのです。尹政権はある意味では日本の政府とかなり近しい、類似した関係性にあると言えます。昨今、統一教会の問題が大きくクローズアップされて、さまざまに議論もされていますが、あれもまた何のズレもないわけです。このヘイトスピーチ全盛の社会の中で、なぜ安倍氏が韓国の宗教団体に挨拶に行くのか疑問だ、とい

う声をよく聞くのですが、そこにまったく疑問はありません。むしろ同じ考え方を持っているので、それは容易に国境を越えるわけです。

しかし日本軍の性暴力問題も同様に、国家と国家の問題だけでなく、グローバルに国境を越えていく問題です。そういう意味では、女性家族部の存在はとても大きかったと言えます。

日本であれば、戸籍制度解体の議論は、おそらく法務省と厚生労働省が関わってくることになると思います。日本にジェンダー専門の省庁がないということが、戸籍制度解体の議論にジェンダーの視点が出てこない理由でもあるのです。

■ "MeToo" の政治学

今日の韓国社会を語る上でもう一つ、とても大切で象徴的なものは、"MeToo" の政治学です。今日は戸籍の話をするので#MeToo運動の話はできませんが、韓国では2017年から#MeToo運動が広がりました。また、#MeToo運動は#Ni una menosとして中南米、たとえばアルゼンチンなどでも大いに広がりを見せています。アルゼンチンやチリなどの中南米諸国は、豊かなジェンダー政策があり、社会制度として定着しています。その点については韓国も同様です。よく韓国のフェミニストやジェンダー研究者は、韓国は世界でも有数の制度を持っていると語りますし、法学者も、「韓国はどこに出しても恥ずかしくないジェンダー平等制度がたくさんある」と言っています。たとえば世界で初めてフィフティ・フィフティのクオータ制をおこなったのも韓国です。しかし実際の韓国社会は男尊女卑がひどく、加えてフェミサイド、女性を狙った殺人もたくさんあり、性暴力も多く、性売買に対して社会の理解がないことで女性たちが差別を受けています。日本軍の性暴力問題も、ここ最近話題になりましたが、長い間、韓国社会の中ではタブーでした。つまり韓国社会は、世界でも有数の誇るべき法制度を持ってはいるものの、社会認識、および社会・人々の実践、そして生活実態がそれに追いついていないのです。この点が中南米と、韓国、台湾の類似性です。

このズレが、長らく大きな課題だったのです。韓国は検察国家、法律国家だと言われています。韓国が法を大事にするのは植民地支配の結果です。法によって日本に騙されてきた歴史があるからです。だからこそ、「法はしっかり」と言っているのですが、法や制度は立派に整えたものの、今度は人々の実態を見ることができていませんでした。

　ところがその状況が、この#MeToo運動によってガラリと変わりました。いままで「絵に描いた餅」と呼ばれていた、事実上使われなかった多くの制度が実際に使われるようになり、「政治」になりました。法律というものは一般的には、理論的で客観的、なかなか動かないものです。一方、政治というものは、つねにダイナミズムや動きがあって、人々の在り方によって変わっていく。ある人はこれを「動脈」と言いました。またある人は、これを「錆びていた機械が動き出した」とも言いました。人によってさまざまな言い方をしていますが、それが#MeToo運動なのです。この『#MeTooの政治学』という本を読んでいただくと、いかにして韓国の#MeTooがダイナミズムを作りだしたかということがおわかりいただけるかと思います。これは翻訳本も出ています。（ちなみに原著は「#」がなく『미투의 정치학（Metooの政治学）』ですが、日本は現実政治に影響を与えてないという意味を込めて、翻訳本には「#」をつけたそうです。）

　ここでこの本の中の素晴らしい一文をご紹介します。「ジェンダーに対する認識なしに韓国社会を理解することはできないし、女性に対する暴力がジェンダーに基づいているという理解なしには、日常化した権力の作動原理、政治を理解することはできない」と、ハッキリ書かれています。もはや、ジェンダーやフェミニズムなしで政治を語ることはできない、そのように言っているのです。

III……韓国の戸籍制度

　法律などは「絵に描いた餅」でしかない、何人もの韓国の研究者がそう言っていました。しかし、たとえ絵に描いた餅であっても、あれば一応

過去:「韓国戸籍制度」	現在:「韓国家族関係登録制度」
戸籍（簿）	家族関係登録（簿）
戸籍謄・抄本（1種類）	登録事項別証明書（5種類）
本籍（地）	登録基準地
転籍	登録基準地変更
就籍	亜属関係登録創設

表3-1　過去と現在の戸籍制度　概略

「餅」なのですから、それを後からしっかりと食べられる本物のお餅にすればいいのです。その一つである大きな法制度、法律の改正が、実は戸籍制度、戸主制度だったわけです。

　かつては「朝鮮戸籍」と言っていました。これについては、遠藤さんの講演で台湾との違いも含めて詳しくお話しいただいたことと思います。これが韓国の建国の時に、土台が同じままで、そのまま活用されることになりました。ちなみに、誰が在日朝鮮人であるかの証明は、朝鮮戸籍で確認するので、現在でも残存しています。一方、今日は詳しく話しませんが、朝鮮民主主義人民共和国については、建国の時に新しい登録制度を始めています。

■政治と社会を歪めた戸籍制度

　戸籍については（表3-1）、ほぼ日本と同じです。みなさんにもなじみ深いものでしょう。編籍、就籍もご存知だと思います。さらに本籍、これが諸悪の根源です。植民地時代に本貫を本籍とし、その制度が踏襲されました。したがって、韓国にとって本籍は事実上の本貫であり、政治を決め、制度を決め、その人の人生を決めてきた側面が大きいです。文在寅政権は幾度となく本貫主義を否定し、そうではない、思想主義になったと言われます。これから韓国をどういう社会にしていくか、それはフェミニズム的社会、ジェンダー平等社会である、ということが文在寅政権の柱だったのです。

　それまでは、どんなにリベラルと言われた政権だったとしても、結局のところどこの出身であるか、どこの本籍（本貫）であるかということで決

まってしまっていたのです。みなさんもよくご存知の、民主化の代表格である金大中（キム・デジュン）さんは、最大級の人口を誇る「金海の金」だったことは有名です。そのくらい、この本籍というものが、韓国にとって政治や政権や、そして人々の生命まで決めていました。

■戸籍から韓国家族登録制度へ

これが現在、韓国家族関係登録制度に変わりました。それから本籍については、登録基準地と言います。いまでもまだ、会話の中で「あなたはどこの出身?」ということを「あなたの本貫はどこ?」と聞くことはあります。世界的に大ヒットした「愛の不時着」でも、主人公二人が出会ってから親しくなる前にお互いに聞いています。お互いが現在居住している地域と逆の本貫だったことが、一つの皮肉として登場するなど、いまなお、朝鮮半島の「象徴」としてあります。初対面の在日朝鮮人同士でも聞くことが自然とされています。ただ、韓国社会では、2010年代生まれくらいになると、以前よりは気にしなくなると言われています。それを聞くことが、もはや差別の一つにあたるからです。これは日本の部落差別とは異なります。もちろん、都会と地方とか、農村と漁村とかという地域による差別はあるのですが、重要だったのは「結婚」なのです。地域と血族が繋がっていますので、どこの人と結婚したのかということが重要なのでした。本籍地がわかるということ、本籍地を語るということによって、個人主義、そして個人で作る家族が実現しないことが、長い間、民主化の一つの課題でした。当然、これを登録していたのが戸籍制度でした。

それからもう一つ、今日は残念ながらあまり説明することができませんが、創氏改名とも深い関係ある、朝鮮人の「苗字」についてです。韓国社会は中華圏同様、夫婦別姓で、一般的に子どもは父方の苗字になりますが、近年、母・父どちらでも選べるようになりました。現在、韓国社会では興味深いことが起きています。家族関係登録制度の中の婚姻部門（日本でいう婚姻届）で、提出する際に、「もしお二人の間に子どもが生まれたら、どちらの苗字にしますか?」という質問に、世論調査で、女性の8割が自分の苗

字と答えたことです。多くの女性が自分の苗字を選択するというのです。実際、友人2名は自分の苗字を子どもにつけたことを報告してくれました。ただ、実際にどのくらいの割合か、調査はまだできていません。一方で男性も、ほぼ8割が自分の苗字にするということでした。いずれにしても、苗字を選べるようになったということは、とても大きな変化です。細かい変化については、私は法律の専門家ではありませんので、分からないところもあるのですが、現在の家族関係登録制度は実生活においていくつかの大きな変化があったということです。

■ 在日朝鮮人と戸籍

ここで一つ、韓国ドラマがお好きな方に注意です。戸籍制度が変わった2005年以降のドラマの中で、しばしば字幕に「戸籍」と出てくることがあるのです。これには私は「むむ?」と首を傾げざるを得ませんでした。私も、あらためて聞き直すと、確かに戸籍と言っている場合もあるのですが、実は朝鮮語で「家族関係登録」と言っているものを、どういう配慮か忖度か、わざわざ日本語で「戸籍」と訳している場合もあるのです。これは統計をとって調べたわけではありませんし、実際にどうであるか確かなことは言えませんが、日本的な名前の訳者は、おおむね忠実に「家族関係登録」と訳しています。ところが、どう考えてもこれはコリア系の名前だなと思う方は、しばしば「戸籍」と訳して、字幕に書くのです。これはどういうことなのでしょうか。

実は、在日朝鮮人には、韓国に戸籍制度がなくなったことを知らない人がとても多いのです。今日はこの話をすると、全然違うところに行ってしまうのであまり話せませんが、在外同胞大統領選挙と戸籍登録制度、そして朝鮮植民地の時代の財産分与の制度など、韓国民法が矢継ぎ早に変わりました。一方で、在日朝鮮人は、朝鮮戸籍があるかどうかで判断されるので、在日朝鮮人にとって戸籍制度はとても重要です。自分を朝鮮半島と結び付けている唯一のものが、残念なことに戸籍制度だということです。韓国社会が戸籍制度をなくしていることなどは、おそらくまったく想像もつ

かないのでしょう。

　したがって、これは先ほども言ったように、日本人にわかりやすくするために「戸籍」と字幕にしているのか、あるいは、そもそもわからずにそうしているのかは、はっきりとはわかりません。ただ、私の知っている人たち、特に50代〜60代の在日朝鮮人はほぼ、韓国の事情に精通していない限り、韓国に戸籍制度がなくなったことについては知りません。これは、在日朝鮮人の悲しい歴史との関係なので、後でお話しすることにします。

IV……戸籍制度の解体のために

■戸籍によるジェンダー規範の正当化と朝鮮人の人種化

　韓国社会にとって戸籍制度を変革することがいかに大変だったのか、それにも関わらず変えてきた、ということがとても大事なところです。

　困難なことの一つとして、ジェンダー規範の正当化と朝鮮人の人種化があります。多くの先輩方の研究から私が導いていることの一つは、朝鮮植民地は、朝鮮半島に近代的なジェンダー規範が正当であるとし、さらに「朝鮮人」という新しい人種を作りだしたということです。この「戸籍」の連続講座に参加されている方は、「人種」というものは人間が作ったもので、元来あるものではない、ということはご存知だと思います。新しい人種を作ってそこに人種主義／人種差別を投入し、更にジェンダー秩序を入れたので、四象限、つまり、日本人男性／日本人女性／朝鮮人男性／朝鮮人女性という四つのカテゴリーを作り、制度の中で差別をしていたと考えています。ですから、これは私が作った造語ですが、「大日本帝国主義的近代家父長制」と呼んでいます。これが、植民地化、奴隷化、従属化のために朝鮮の家族観と制度を歪曲し、解体してきました。これは男尊女卑と民族差別が一緒になったものです。

　この方程式を解くのはとても大変なのですが、それでも、いくつかその方程式を解いている人たちがいます。日本語で読める基礎研究として、朝鮮人女性の労働、教育からの排除、日本軍性暴力問題、性売買の規範、セ

クシュアリティの観点から議論されている方々としては、宋連玉さん、金富子さん、金栄さんが有名です。

■差別の元凶としての「戸主制度」

いったいなぜ、韓国の市民運動の中で、戸主制度解体と戸籍制度がセットで問題化されることになったのでしょうか。後に日本軍の性暴力問題を研究するような韓国のフェミニストたち、有名なジェンダー研究者たちの多くは、若い頃の研究や修士論文でこの問題を取り上げています。つまり韓国社会になぜ戸主制度、戸籍制度があるのか、というところから、多くの方が研究に入っていくのです。そこが差別の元凶なのだから、ということですね。

朝鮮半島と日本は、中国由来の戸籍制度になっていきます。これは近代化の少し手前の、近世後半です。その前に朝鮮半島にはどのような登録制度があったかというと、両側的親族制度というものでした。これは当時の朝鮮がいわゆる一夫多妻制だったので、一応二人で関係性を作ったとしても、そこで家族と家族が、家がくっつくという、家制度のようなことはありませんでした。どちらにとっても多彩だったし、さまざまな関係性がありました。そして、その本人たちも生まれたところから出ることはありませんでした。自分たちの家族をすごく重要視するという考え方です。要するに父系血統主義とはやや異なるものを持っていたと考えられています。

そして李氏朝鮮の頃のことですが、ここから中国との関係性の中でたくさんの研究者や知識人が中華圏、中国大陸との関係を深めていくことになります。そこで多くの法律制度が流入し、その時にいわゆる男子中心主義的な戸籍制度というものを学んでいくわけです。ただこの当時も、男子中心で戸籍を作成する原則はなく、男でも実際に同居していない場合は同じ戸籍に記載されていない、という状況がありました。17世紀頃にやっとというか、残念ながらというか、家父長制イデオロギーが定着し始めて、父系血統制というものが登場してきます。これを解体することが、朝鮮半島の戸主制度廃止と家族法改正の中でも非常に重要視されたのです。

そして大韓帝国時代です。朝鮮が西洋、つまりフランスやアメリカを中心とする勢力と、日本、そして中国という三つの勢力の狭間でいかにして近代化を実現するかという時に、その原理の中に性売買と、近代家父長制を入れたのです。

　さらに、朝鮮植民地時代、大日本帝国憲法下の天皇制に入っていくわけですが、この後、日本的家制度が出てきます。日本の明治民法同様、戸主であるとして男子を中心にした戸籍の作成がおこなわれて、戸主制度ができました。これだけであれば、「まあそうですね」と、つまり植民地にされた国は、宗主国などの強大な勢力によって制度を変えられてしまうのも避けがたい、というだけの話だったのですが、そこが少し違っているのです。

■日本による朝鮮社会の歪曲

　実は、日本はある「歪曲」をしたのです。いったい日本はどれだけ朝鮮半島をだまして、歪曲をおこなったのでしょうか。そのだました数だけを見ても本が1冊書けるほどだと思うのですが、これが大変に厄介なものでした。朝鮮総督府が作った『慣習調査報告書』というものがあります。いまでは、朝鮮の結婚制度とか、風俗・習俗を研究する者にとって必読書にもなっていますが、これは、植民地に行った日本人が朝鮮の風俗・習俗・習慣などをまとめたもので、それを支配に利用しました。文化人類学などの学問が悪用されて、植民地化が進められていったということです。そして、総督府はこの報告書の中で、朝鮮にはもともと戸主制度があった、ということを書きました。つまり、朝鮮はもともと家父長制だったのだ、という歪曲をおこなったということです。具体的な事例としては、祭祀や相続について、朝鮮はもともとすべて戸主が執り行っていたのだ、という説明をしました。

　朝鮮人にとって、これが後々まで大きな影響をおよぼすことになります。先ほど、在日朝鮮人の多くが、自分たちは男尊女卑の文化を持っている、朝鮮人というのは男が上で女が下だという風になっている、そのように内面化してしまっている、とお話しましたが、その要因の一つに、日本の総督

府がそのような報告書を出したことがあるということです。これについて
は当然、朝鮮人の知識人が反発しましたが、さまざまと不平等な状況の中
で、それを飲まざるを得なかったようです。他により重要な課題があった
という事情もあったようですが、私もこのあたりについては研究途中です。
ともかく、このように家父長制を内面化していく瞬間がありました。私が
研究している性暴力や戦時性暴力についても同じなのですが、戸主制度に
関しても同様に、そのような瞬間がいくつかあったということです。

　そのようなわけで、日本とは異なった制度を持っていたはずの朝鮮は、
朝鮮植民地下において、日本と類似の社会だとみなされることとなりまし
た。そうして、「朝鮮兄弟論」のようなものと相まって、朝鮮と日本は同じ
祖を持つのだという、信じがたくて怪しくて、しかし何となく信じてしま
うような内容が、植民地支配のために、総督府の度重なる粉飾と歪曲に
よって作られることになります。そして、結局そのことを朝鮮でも認定し
ていくわけです。

　総督府は、当然ながら日本人官僚が取りしきっています。しかも台湾と
は違い、総理大臣直轄で天皇と一本筋で続いています。ここで朝鮮半島の
制度が確立していく根拠が一つ作られることとなりました。このあたりは
韓国でもとても充実した研究がたくさんあります。

■米軍の沖縄支配にも活用された『慣習調査報告書』

　これは余談ですが、アメリカ軍が沖縄を占領する際に、この『慣習調査
報告書』を読んでいます。日本の朝鮮植民地というものは大変に特異なも
のであり、アメリカ軍にとって大いに有益な教科書になったと言われてい
ます。朝鮮総督府が作った資料、その歪曲の仕方、そしてその土地の人々
への見方というものが、後にアメリカ軍が沖縄に入っていった時の、侮蔑
や差別の根源を成しているということです。近年、多くのアメリカ軍の資
料が開示されていく中で、こうしたことが明らかになってきました。当時、
アメリカは東南アジアについては経験がありましたが、東アジアについて
は初めてでした。

■戸籍廃止のための五つの論点

　さて、ようやく廃止論についての話ができます。少し時代を飛ばしましょう。このような背景をもとに、韓国のフェミニスト法学者や歴史家たちが、戸主／戸籍制度というものはやはり少しおかしいのではないか、と地道に研究をしていきました。特に民主化以降の90年代後半から2000年代にかけてたくさんの研究が出されています。そのまとめとして、戸籍制度の核心である戸主制度の問題点が提起されることとなりました。これが戸籍制度廃止に向けた論点となっていくのです。それをここでは五つにまとめてみます。

　まず一つ目は、男性優位的だったことです。朝鮮の元来の考え方としては、男と女は、性別役割はありましたが、そこに権力関係はなかったと考えられています。もちろん、ヘテロセクシャリズムの中での分業制のようなものはありましたし、「男女七歳にして席を同じゅうせず」というようなことはありました。しかし、男のほうが優越だということは、朝鮮植民地下における戸主、および、それにならった戸籍制度によって、社会的に制度化され、登録され、認識され、広がっていきました。きわめて性差別的であるということです。

　二つ目として、90年代以降の、再婚家庭、再婚家族化、いわゆる「ステップ・ファミリー」による婚姻形態の変化に対して、さまざまな問題をもたらしているという問題が指摘されました。

　三つ目は、結婚した女性を男性の家に強制編入させる制度の問題です。韓国の当時の戸籍制度はそういうものでした。これは、男女が婚姻して、家族共同体を形成したその時点で不平等な関係が成立することを意味しています。

　四つ目は、戸籍制度の戸主制は、韓国固有、朝鮮半島の伝統ではないということです。韓国では「韓国固有」という言葉で語られていますが、朝鮮半島由来ではないということです。

　そして五つ目として、結婚制度外の子についての問題です。結婚外の出生者に対する差別、そして性差別が生じているということです。

以上、ここで示した五つの論点が、朝鮮植民地由来の戸主、および戸籍制度があることによって生じている問題として整理され、韓国では戸籍制度廃止に向けた運動が展開されていきます。

　おそらく日本でも同様の問題が生じているはずです。日本では戸主制度は名前としてはない、という意味では存在していませんが、私はいまもそれはあると思っています。日本が作った制度なのですから、当たり前のことです。

　もちろん日本の女性たちも、ジェンダー史やフェミニズム史、女性学などの著作を読むと、この問題について多くの似たような論点をあげて論じています。

■保守派からの反対運動

　次にいきましょう。ところが、戸主制度・戸籍制度の廃止に対する反対運動が起きます。これこそ、私が今日テーマにした「被植民地秩序」というものです。大反対が起きたのです。

　戸籍の上で姓および本貫を同じくする「同姓同本」の者どうしは結婚できないという同姓同本禁婚制度を変えなければならない、ということが民主化の少し前から議論として出はじめていました。これに対して保守勢力は絶対にダメだということで、1981年に「同姓同本禁婚制度保持国民協議会」が発足しました。この人たちは右翼の中でも最右翼です。そして後に、戸籍制度廃止に根強く反対していくことになります。

　こうした人たちを朝鮮語ではユリン、日本語なら儒林、と言います。儒学や儒教についてはあまり詳しくないのですが、いわゆる儒学、儒教の部類です。ただ、韓国では儒学者と儒林者は別のものとして分けられていて、儒林者は儒学者より、もう少し自然法と中国大陸由来のものとがハイブリット化されているようなところがあります。この儒林者というのは、朝鮮植民地以前、朝鮮植民地時代からずっと李氏朝鮮を支えてきた一種のブレーン集団です。学者であり、実践家なので、それはそれなりに尊敬されてはいるのですが、たいへんに保守的だということで、韓国では非常に厄

介な存在だと言われています。

　たとえば2003年に法務部、つまり韓国の法務省にあたるものと女性部とが共同で開催した民法改正案の公聴会で、大騒ぎをするのです。

　また、2004年のことですが、大事な韓国の戸主制度、戸籍制度を変えようなどという動きがあるということで、儒林で構成された成均館の家族法対策委員会がソウル駅で大決起集会を開きました。彼らの主張を簡単に言えば、「西洋主義だ」という理論です。このようにしてパフォーマンスを広げていきました。

　この人たちの中では、「戸主制は韓国固有の美風良俗である」など、家制度というものが内面化されているわけです。もちろん、学者たちや保守の活動家が朝鮮植民地を知らないというわけではありません。ただ、先ほどお話ししたように、戸籍制度は朝鮮時代に日本が歪曲して作ったもので、朝鮮人にとっては嘘でしかなかったものなのに、それを「本当だ」として受け入れてしまっていた、ということをどう理解するべきなのか、それがとても難しいのです。やはりそれを理解したくないという人たちもいます。たいへんに難しい問題です。

　やはり民主化以降、特に盧武鉉政権、そして文在寅政権になってやっと、韓国社会が持っていた歴史観、認識観というものは本来ちがったものなのだということがわかってくるのです。当時はまだそういう認識がなかったということが大きく影響して、「家族関係が解体される」といった議論がしばしばおこなわれることとなりました。

■「戸籍」の生み出す差別を克服するために

　反対の動きへの反論として学者たちやフェミニストたちが強く主張したのは、「戸籍」というものは法律上の形式的なものにすぎず、現実に生活している家族を見るには、非現実的であるということです。そして、他の国では存在もしていない戸主制を前提とした戸籍制度が家族制度を維持しており、むしろ戸主制による家父長制的意識と行動こそが、夫婦の葛藤や家族の問題を起こしているのだと指摘しました。このような戸籍制度がある

からこそ、夫婦仲が悪くなって、家族解体になっているし、子どもの問題も出てきてしまいます。また、戸主制に基づく戸籍制度が廃止されれば、これまで民法上の家族に含まれなかった分家や次男、娘に対して、新しい身分登録制度をはじめとしたさまざまな制度を設けることができて、家族の絆も強まり、平等な夫婦と家族関係が確立される契機になるということも指摘しました。現行の戸籍制度は差別を作りだしてしまうものであり、それがある限りは本当の意味での平等な社会にはならないのだということを反論としてはっきり主張していきました。

　ほかにもいくつかの反論として、再婚や離婚の問題で、保険の恩恵や銀行登録、パスポートの発行で差別を受けること、戸主制度が存在することで苦痛を受ける家族が多いということなど、他にもさまざまとありますが、実態としてこれだけの差別があるのだ、と主張していったわけです。

　個人で登録してしまったら、誰がどこの家から出てきたかわからなくなってしまうから、近親婚を防げなくなって困るのではないか、という議論が盛んにおこなわれました。ですが、これも単にしっかりと登録制度を変えればいいだけではないかという議論が当時もおこなわれていました。

　登録制度を変更することによって、こうした差別のある状況を変えることができるのだ、ということを主張したのです。

V……戸籍制度解体にむけた社会運動

■社会運動の歴史的文脈

　社会運動についてお話しします。

　戸籍制度廃止の論拠となる五つの論点と、それに対する保守派の人々のかなりの反発、さらにそれに対する再反論という流れで、韓国社会において盛んな議論がおこなわれました。ではその後、どのようにしてそこでおこなわれた議論を精緻化し、実際に法制度を倒すまでにいたったのか、ということをお話しします。

　そのためにまず、韓国社会における社会運動の文脈をおさえておきたい

と思います。

　三・一独立運動からキャンドル革命に至る歴史をまとめた『百年の変革』（法政大学出版局）という本が出ています。かなり読みやすく翻訳されているので、よかったらぜひ読んでいただければと思います。ここで朝鮮半島の社会運動が、いかにして今日お話ししている戸籍制度、また、そこだけにとどまらず、あらゆる制度に対して問題提起をおこなってきたか、ジェンダーの話も含めて書かれています。いままでお話ししてきた法律論争、学者論争、さらに政治論争、そして社会運動というものが韓国社会の核を成していることが、研究の中ではっきりと明らかにされています。日本だと社会運動は脇においやられがちというか、何か違う世界のことのように見ている人がとても多いのですが、そうではないのだということが、やはり歴史的にも明らかにされてきています。

　私が編著をさせていただいた『右傾化・女性蔑視・差別の日本の「おじさん」政治』（くんぷる出版社）の中に、なぜ韓国社会では「運動が必要だ」ということになったのか、少し書いていますので、よかったらそちらも読んでみてください。

　歴史的に見ると、「植民地時代」「建国」「分断」「民主化」「キャンドル革命」「#MeToo」などが挙げられます。

　キャンドル革命の後にくる#MeToo運動では、「男と男」を支配構造の頂点に据えた歴史的、社会的構造を解体します。この支配構造にいるのは「男と男」であって、「女」がいないのです。そこで、「女」も支配の形態の中に一度入れて、さらにそれを解体していく、という運動が#MeToo運動です。これも韓国の百年変革の中に入るのですが、『百年の変革』ではキャンドル革命までがあつかわれています。

　やはり韓国社会にとっては、運動が中心で、重要なことです。これは三・一独立運動が重大な契機になっているのだと思います。朝鮮の人々は植民地化されたことによって、嘘をつかれたり、騙されたり、信じ込まされたりしてきたわけです。なぜそんなことをされてしまったのだろう？　なぜ日本はそのようなことをしたのだろう？　韓国社会、朝鮮半島にとって、それは問い続けないわけにはいかない一つの大きなテーマとなり、課題とな

りました。そういう意味で、社会の中で変わることなく三・一独立運動の
根が続いています。

■ジェンダー平等を求める闘いとしての民主化闘争

今回の戸籍制度の話と関係してくるのは、やはり民主化です。民主化闘
争、つまり80年代を抜きにして語ることはできません。当時の雰囲気を感
じられる映画なども、いまだと配信でご覧いただけると思うので、ぜひ触
れていただければと思います。

民主化運動は、階級制度と権力構造の解体のための運動だったのですが、
そこで大事だったことは、同時にジェンダー平等を目指す運動でもあった
のだということです。日本においても学生運動の時代にウーマン・リブが
始まったと言われていますが、両方を見ている私の観測から言うと、民主
化の時に性差別やジェンダー平等を唱える動きは韓国の方が強かったと
思っています。これは歴史をどう捉えるかであって、日本になかったとい
うわけではありません。あったものを歴史家がどのように紐解くかという
話です。韓国の中では、80年代の民主化闘争の頃から民主主義の実現すべ
き課題としてジェンダー平等が位置付けられていました。

そして、これは私がもっとも力を入れて研究していることですが、日本
軍の性暴力問題のカミングアウトも、民主化の影響下で可能になり、広
がっていきました。そして、この後の韓国社会のジェンダー平等に大きく
影響を与えることになります。

■戸籍法廃止に向けた市民運動の展開

では、どのようにして女性を中心とした社会運動によって、戸主制、戸
籍法は廃止されるにいたったかということについて見ていきます。

実は、1956年にはすでに、家族法改正運動というものが展開されていま
した。植民地支配の中ですでに、民族差別、女性差別があることが理解さ
れていたので、一部の人々はそれをはやくも運動として展開していたので

す。さらにさかのぼって植民地時代、三・一独立運動の時代にはすでに、このような運動があったという研究もあります。ただ、それが大きく広がることはありませんでした。

1973年、学生運動や民主化運動が始まる前になりますが、女性家族法改正促進会というものが発足しました。韓国YWCAなどの呼びかけで集まって作られたものです。この会は10項目の変革の目標をかかげていたのですが、その目標の第一が、戸主制、および戸籍制度廃止でした。そして早くも結成の翌年である1974年に、戸主制廃止を内容とする民法改正案を国会に提出しています。

そして1981年、韓国YWCAによって家族法改正のための署名運動が展開されました。YWCA（Young Women's Christian Association）はラディカル・フェミニズム、フェミニストたちの集いです。キリスト教者の中ではかなりリベラルと言えるでしょう。私はクリスチャンではありませんが、YWCAには子どもの頃から参加していました。私の考え方の一つの礎はキリスト教民族運動、およびフェミニズム運動なのです。ただ、いまは統一教会の問題がすごく大きく広がっているので、キリスト教には保守のイメージが強くつきまとってしまうのかもしれませんが、右派もいれば左派もいる、宗教にもいろいろいるのだということです。ともかく、そのようにYWCAが運動を牽引してきたのだ、ということです。思い返すと、植民地の時もキリスト教者は大変活躍していました。

さて、1984年の7月に家族法改正のための女性連合というものが結成されます。ここには本当に多くのフェミニスト団体が入っています。そして同年には、韓国政府が国連女性差別撤廃条約に批准するということもありました。この時、女性団体は韓国の家族法と国籍法を変えるように働きかけたのですが、実現できず、国内法と家族法上の男女差別条項などについては留保したままで批准しています。ご存知の方もいらっしゃると思いますが、日本については男女雇用機会均等法制定、戸籍法改正、家庭科教育共修などが前提でした。

1986年には、家庭法律相談所30周年記念大会で家族法改正のための建議書、決議文が採択され、請願書を国会に提出しています。

1988年には総選挙を控えて、国会議員の立候補者にアンケートがおこなわれています。当時の世論としては、家族法改正を後押ししていたので、みな、自分が議員になったら「やります」とアンケートでは答えていたのですが、実際にはやりませんでした。日本でもしばしば同じようなことがありますが、やはり政治家にはそういう人たちが多いということなのでしょう。そういったわけで、大いに期待して市民運動は再び挑戦したのですが、うまくいきませんでした。

　やはり契機となったのは、元軍人ではあるものの、盧泰愚（ノ・テウ）が大統領になったことです。そして家族法の公開質疑書が提出されました。実はこの時期に、韓国においてさまざまな法律や制度が大きく改正されています。

　そして、さまざまなセンターが開設されたり、女性団体が両親の姓を一緒に使う宣言をします。今日の私の苗字も二つありますが、韓国のフェミニストたちはしばしば、二つの苗字を持っています。97年に女性運動団体が、親の姓を一緒に使う運動というものを始めたのです。

　1998年には、市民の小さな集まりから始まった「戸主制廃止のための市民の集まり（戸籍の集まり）」が登場してきます。いままで述べたことからわかるように、政治に対して何度働きかけても実現が難しかったので、いわゆる市民団体や社会運動団体だけではなく、一般市民を巻き込まなければいけない、となりました。

　被害者の声を聞き、世論に訴え、そして司法へ、ということです。これは韓国に限ったことではありませんが、韓国の社会運動、特に女性運動の特徴があらわれているところでもあります。当事者の声を聞き、それを運動体が世論に訴え、そして司法へというサイクルをつくり出すこと、これが戸主制、戸籍制度廃止においても同様におこなわれました。

　たとえば1999年に、韓国女性団体連合が、「戸籍・戸主制被害および不満申告電話」というものを開設しました。これは日本軍の性暴力問題の時も同様で、自分が「慰安婦」だった人が被害を申告する電話が開設されました。この申告電話によって、申告された事例を集めて、いかに現行の戸主・戸籍制度が社会に暮らす人々に対して被害をもたらしているか、その

声を聞き、報告書にして、提出するわけです。

　同年4月には、女性団体、女性医師会と市民の会が共催で、戸主制度の問題点の代案づくりをおこなう公聴会を開きました。

　さらに同年11月には、自由権規約委員会から指摘を受けます。韓国政府の戸主制は、家父長制を強化させていると指摘され、戸主制度を廃止するようにという決議が出されています。

　2000年9月には、やはり国連から言われたということも大きな後押しとなって、市民連帯が発足しました。この市民連帯が重要です。韓国の運動の特徴としては、声を聞き、世論に訴え、市民連帯を作る、ということがあります。昨日まで、批判を言い合っていた団体どうしが「はい、これやるよ」ということになったら、パッと集まって、パッと連帯を作って、パッと運動して、そしてまた分かれる、ということを繰り返すのです。ですから「連帯」という言葉は、本当の意味での「連帯」なのです。別に心からこの人のことを好きにならなくてもかまわないのです。とりあえずこの制度の変革のため、差別の解消のために、一緒にやろうということで連帯が作られます。そして、司法と政治の両方に働きかけていくのです。これが、戸主、戸籍制度についてもありました。

　そして、請願をおこないます。各裁判所に同時に、地方裁判所すべてに、原告団を募集して、裁判をかけるのです。結果として、違憲判決が各地からどんどんと出てくることになります。

　2001年には、国連の社会権規約委員会からも勧告を受けます。

　また、韓国ではこの1990年代からインターネットが普及していますので、さまざまなサイバーデモが、現在の日本のTwitterデモのようなものが大変な勢いでおこなわれて、世論を形成していきます。

　このようにして世論を作り、国家人権委員会、そして知識人、政府が動き出します。

　訴訟をしていくうちに各地でさまざまな事例が積み上げられ、2003年、女性部が「戸主制廃止のための特別企画団」、つまり特別プロジェクトチームを作りました。やっと政府が動き出したわけです。さらに大統領職の引き継ぎ委員会が動きます。大統領が変わる際に、戸籍制度を変えなければ

いけないということが引き継がれたのです。これは異例なことでした。

そして、2003年3月、大きかったのは日本にはまだない、独立した人権機関・国家人権委員会の動きです。国家人権委員会は戸主制が憲法に違反するという意見をまとめ、憲法裁判所に提出します。

この流れを受け、サイバーデモがおこなわれました。いまとなっては#MeTooの際に告発された人などもいますが、この影響が大きかったのは、さまざまな著名人や各界の有力者が相次いで戸主制、戸籍制度廃止を表明したことでした。市民が見た時に、この人たちも反対しているのだ、ということで、デモが大きく広がっていきました。そしてこれも大きな動きといえますが、2003年5月、法曹界と法学界で、戸主制および戸籍制度廃止支持宣言が発表されます。

被害者の声を聞き、世論に訴え、そして司法の場に出たことで、最終的に政府や知識人が動いていく、そのサイクルがここにも見られます。

そして、女性部が新聞社の中央日報とともにリアルタイムオンライン討論会を開催します。中央日報というと保守的な、日本でいえば、読売新聞と産経の間くらいとよく言われますが、そのようなかなり保守的な新聞社が、世論の声を聞こう、と討論会を開催しました。この席で、池銀姫（チ・ウンヒ）女性部長官はさまざまな質問に詳細な回答で応じ、戸主制の弊害と廃止の必要性について力説します。

そして2005年2月3日、戸主制度に対して違憲判決が出ました。その後すぐ、3月31日に民法改正、そして戸主制が全面廃止、戸籍法も廃止されました。これは、戸主と戸籍が別々のもののように見えるのですが、戸主制度を変えることによって、ほぼ戸籍制度も解体されるような状況でした。柱となっているものを抜いたので、一気に崩れたのです。その柱を抜くための運動だったということです。ですから、これで戸籍法も解体されました。戸籍制度だけを解体しようとすると、おそらく緩やかに反発があったと思いますが、戸主という核心を突くことが重要だったということです。

では、最後に世論の動向についても概観しておきましょう。2003年から、戸主制度の存廃についてマスコミでしばしば論争がくり広げられました。「廃止」ということをいきなり全面的に展開したのではなく、残すべきか、

廃止するべきかという論争を立てたのです。これが大きな効果を持ちました。後で世論調査についても触れますが、初期の段階では割と「存続してもいいのではないか」という議論も出てきていました。ここでやはり重要だったのは、世論を喚起したということでした。

　そして当時の盧武鉉大統領候補が、戸主制度について取り組むことを公約の一つとしたことで、あらためて世論が醸成され、廃止なのか、それとも存続なのか、ということが国民的議論となり、政治の場に入っていくこととなりました。

　そしてもう一つの大きなきっかけは、女性部が戸主制廃止事案を重点事業として採択したことです。これは法務部ではない、日本でいう法務省ではない、というところが重要です。法務部は最終的に、韓国の最高裁にあたる韓国憲法裁判所の判断を待って、しぶしぶ重い腰を上げることになりますが、女性部がジェンダーという別の視点から口出しをした、並行して、司法の場では裁判がおこなわれ判決を勝ち取ってきました、そして、法務部が変わっていく、という流れです。ついに、法務部が戸主制廃止を骨子とする改正案を政府立法として提出します。女性団体や女性研究会、ジェンダー平等、運動研究界隈の主要課題が政府の政策として採択され、一般の関心事になっていきました。これが重大事件だったのです。つまり「女性部で女性問題／ジェンダー差別の温床になる課題に取り組むこと」は当たり前のことで、研究者やブレーンがたくさんいます。そして法務部もこの重要性、戸主／戸籍制度を廃止するには、女性団体の声、ジェンダー研究者の声がないと無理だ、ということを理解したのです。これによって韓国市民の認識も、「戸籍制度というのはジェンダーの問題であり、女性差別の問題なのだ」、「政府が変わるには、運動とジェンダーの視点がなければいけないのだ」という風に変わっていきます。

　ただ、2004年の時点では、特に農村部、村々では、家族崩壊がおこる、家族の危機だということで、当時の保守的なドラマではしばしば、フェミニストのことをかなり悪しざまにあげつらっています。「あんなフェミニストたちが、女性主義者が、何か言っていて、あいつらどうせモテないだろう」とか、「あいつらどうせ独身、ずっと男にも愛されていないで下のほ

うがカラカラなんだ」というようなことを、ドラマであけすけに言っていたくらい、保守派は保守派で攻撃していました。

　世論調査の結果を見ると、最初の頃はやはり、意識調査においても本当に結果は半々だったのです。ところが、だんだんと問題が明らかになり、申告電話を設け、運動が広がり、政府が動くことになって、次第に変わっていきました。しかし調査によって結果はずいぶん違います。それもまた重要なところです。「誰が調査をおこなうのか」ということによって結果がずいぶん変わるのです。

　2004年のハンギョレ新聞の調査によると、「概ね賛成」と「賛成」が6割、「概ね反対」と「反対」が3割になったということで、世論を二分していたものが、次第に賛成の方に寄っていきました。調査によって、そしてその時期によっても違いがあります。たとえば7割が廃止に賛成という結果もありました。注目すべきは、2002年、ソウル大学法学研究科の実施した調査で、回答の傾向に男女差が出ていたことです。廃止への賛成は女性のほうが多くなっています。また、韓国家庭法律相談所の実施した調査では、8割の女性が戸主制度に反対していました。たとえば日本の夫婦別姓の場合でもしばしば同じような議論がされますが、やはり被害に遭っている属性の人たちのほうがより声を上げている、ということがわかります。

〈主な動き〉
• 2002年5月：第2次戸主制違憲訴訟（民法第826条3項）
• 2002年12月：戸主制戸籍制度の廃止が第16代大統領選挙の公約事項として採択。
• 2003年：女性部が「戸主制廃止のための特別企画団」発足。
• 2003年1月：女性部が大統領職引継ぎ委員会に3段階（広報－公聴会－民法改正）の戸主制廃止推進戦略報告→大統領職引継ぎ委員会が戸主制廃止を「12大国政課題」に選定。
• 2003年3月：国家人権委員会、戸主制が憲法に反するという意見を憲法裁判所に提出（内容：戸主制は合理的理由なく家族間の縦割り、父系優先主義、男系血統継承を強制し、人間としての尊厳と価値、幸福追求権及び平等権を侵害）

- 2003年5月：戸主制廃止を主な内容とした「民法中改正法律案」（李美卿議員代表発議）
- 2003年5月：女性部と韓国女性団体連合が戸主制廃止サイバー運動のためサイトを開設。
- 2003年5月27日、社会各界の指導者たちが「戸主制廃止272」発足（国会議員272人を1対1で担当、集中的に接触して戸主制廃止当為性に対する認識を高める運動。
- 2003年5月28日、法曹界と法学界で戸主制廃止支持宣言を発表
- 2003年11月10日、女性部が中央日報と共にリアルタイムオンライン討論会を開催。この席で池銀姫女性部長官は戸主制の弊害と廃止の必要性について力説。
- 2005年 戸主制違憲判決（2月3日）を得て、3月31日の民法改正、戸主制が全面廃止。戸籍法も廃止。

VI……戸籍制度解体が持つ意味

■依然として家父長制を温存する日本の戸籍制度

　戸主・戸籍制度をめぐる社会運動について、女性運動、ジェンダー平等の文脈に位置づけて考えてみました。まとめとして、韓国が戸籍制度の問題の根源を戸主制度に設定し、廃止し、戸籍制度も解体したということの意味について、ここは大事なところだと思うので、少し考えていきたいと思っています。

　日本の戸籍制度を緩やかに維持したい、と考えているような法学者の人たちの書いているものをたまに読むと、「日本には戸主制がないから韓国とは違う」とか、「韓国の当時の法律は日本よりもかなり差別的で男女差別があったが、日本の戸籍制度はそうではない」と言わんばかりのことを書く人がいます。

　ですが日本の世帯主制度、および現在の戸籍制度というものは、明確な「戸主」という言葉を用いていないだけで、中身としては韓国が当時持って

いた戸籍制度とほとんど変わらないと言っていいものです。専門的な部分では若干違う点もあるようで、私はそこまで細かい法律の運用については分からないのですが、同類の制度があります。そして、誰とは言いませんが、日本の戸籍制度に問題はないのだ、と主張している人たちは、やはり緩やかに家父長制を温存したいのだろうな、と私は思います。韓国の社会運動が、戸主制度に狙いを設定したというのは、あくまでも見えやすい「柱」だった、その柱を抜けば、制度は崩れるということがわかっていたからです。日本には、「戸主」は言葉としてはありませんが、「世帯主」というものがあります。そして当然、婚姻についても問題が温存されています。日本の婚姻というものは、実質上、家と家との婚姻であって、家制度として変わっていないわけです。戸籍を編製する際に、必ずどちらかの名前にして、一つにしなければなりません。これはもう家父長制と戸主制度そのものです。

　そういう意味では、一見すると見えない戸主制度を抱える日本の社会秩序をどう解体するかということには大きな困難が伴います。韓国では、制度がわかりやすく温存されていましたし、植民地支配の結果でしたから、「それは自分たちのものではない」という論理を立てることもできました。そのような歴史研究も出ました。そして人々の世論も廃止に向けて醸成されていきましたので、韓国社会として、ある種の状況のわかりやすさは、やはりあったと思います。一方で日本の場合、残念ながら見えないベールに包まれていて、わかりにくい状況にされてしまっています。遠藤さんなどは、戸籍はほぼもう必要ない、住民登録があれば必要ないとおっしゃっています。状態として無なのにも関わらず、観念だとか精神、そういうよくわからない精神論に入ってしまっているものを解体するのはとても難しいと思います。

■いま、差別の被害を受けている人を助けるために

　ですが、「難しいから無理」ということではなく、差別を受けている人、被害を受けている人、そして被害を受けるリスクを抱えている人を「見て

いる側」の人たちが、どうやってその悪しき精神論、悪しき観念論から脱却して、ちゃんと心を配れるかが問われるのだと思います。多くの人は、おそらく戸籍によって自分が被害を受けているということを自覚するチャンスがあまりないでしょう。ただ、やはり実際に被害を受けている人たちが多くいるわけです。その人たちの声をしっかりと聞き、自分と同じ社会の一員が被害を受けているのだと受け止められるかどうかが重要だと思います。

　具体的な細かい法制度の問題や現実的な問題というものは、おそらく日韓ではだいぶ違うとは思うのですが、私が社会運動に注目しているもっとも大きな理由、大事だと思っていることは、被害を受けている人の声を聞き、それをしっかりと調べて、まとめて、世論に対して働きかけること。仮に自分がその問題の「当事者」ではなかったとしても、一緒にいる社会構成員が被害を受けているのであれば、それを変えていくという世論を作っていくために、声を上げることです。そして知識人や政治家も含めた、スキルや力を持っている人たちが、持てるものを使って、差別のない社会に変えていく、これはできるはずです。実際に韓国の中でどのようなことが起きたか、おこなわれたかということを議論していくことが重要であるということの一番の理由は、そこだと思っています。

　本日はありがとうございました。

【主要参考文献】
イ・ジョンシン（2011）「植民地朝鮮・台湾での"家制度"の定着過程—戸主・家族と"戸主相続"概念を中心に)」『〈韓国文化)』第55集（朝鮮語）
趙景達（2013）『植民地朝鮮と日本』岩波書店
遠藤正敬（2010）「近代日本の植民地統治における国籍と戸籍」明石書房
金富子、金栄（2018）『植民地遊郭』吉川弘文館
宋連玉（2010）『軍隊と性暴力—20世紀の朝鮮半島』（現代史料出版）
宋連玉（2021）植民地公娼制 日本軍「慰安婦」制度に結びつく『日韓の歴史をたどる支配と抑圧、朝鮮蔑視観の実相』（新日本出版）
野木香里（2011）「朝鮮における婚姻の「慣習」と植民地支配—1908年から1923年までを中心に—」『ジェンダー史学』第7号
吉川貴恵（2015）「韓国における戸主制度廃止と家族法改正：女性運動の観点をふまえて」『立命館法政論集』13 pp112–149,

ヤン・ヒョナ「(韓国の戸主制度 植民地の遺産の中に息づく家族制度)」『女性と社会』10号
（1995）（朝鮮語）、憲法裁判所違憲審判訴訟記録（女性部意見書）（2003.11.27）

【関連リンク】
한국민족문화대백과사전 "호주제 폐지" http://encykorea.aks.ac.kr/Contents/Item/E0068599（韓国
　民族文化大百科辞典）
국가기록원 ＞ 기록으로 만나는 대한민국 ＞ "호주제 폐지" https://theme.archives.go.kr/next/
　koreaOfRecord/abolishPatri.do　韓国・国家記録院
성평등 아카이브 "호주제 폐지" http://genderarchive.or.kr/exhibits/show/abolishing-the-hoju-system/
　ex6-p3　性平等アーカイブ

04

無戸籍問題とはなにか

［講師］

井戸まさえ

I……「無戸籍」の問題にたどり着くまで

　今ご紹介いただいたように、私は元国会議員ですので、国会の中の話であるとか、そういった、なかなか国民には見えないところも含めて、なるべく発信して、みなさんと情報を共有して、一緒に問題提起をしていけたら、というような思いで活動をしています。今日は『無戸籍問題とはなにか』という題で、戸籍が抱える、戸籍に内在する差別について、みなさんと一緒に考えていきたいと思っています。

■プロフィール

　先ほど私のプロフィールについて簡単にご紹介いただいたのですが、まず私がどんな人間なのかということをみなさんにお伝えしたいと思います。私は宮城県の仙台市で生まれました。東京に出てきたのは大学からで、東京女子大を出ています。その時には日本史を専攻していました。そして去年、2021年に博士課程を修了して、博士号を取りました。この研究、つま

り博士課程の博士論文が『無戸籍児問題と女性たちの家族登録制度改革運動』というものです。まさにこの「家族登録制度」というのが、戸籍の話です。戸籍をめぐって、2000年代以降におこなわれた改革の運動というものについての研究をして、博士論文を書きました。

　ここに大きなブランクがあるのですが、大学を卒業してから何をしていたかというと、「松下政経塾」に入って、政治経済、経営を学んでおりました。最近は「松下」と言えば「幸之助」と返せる人も少なくなりましたが、パナソニックを作った松下幸之助です。当時はまだ社名も「ナショナル」だった頃でした。

　私はこの政経塾のやや「右旋回」の感じの人びととは、まったく異質な人間です。ではなぜ入ったのかというと、いろいろとエピソードがありますが、今日のところは割愛したいと思います。

　この政経塾から政治家になっていく人たちも多く、いまで言えば、松野官房長官や秋葉復興大臣（当時、2022年12月27日辞任）が同期にあたります。今では内閣にも入っているようなメンバーたちと一緒にここで勉強をしていたわけですが、2年過ぎて、東洋経済新報社に入りました。東洋経済新報社というのは、かつて石橋湛山が働いていたというか、中心になっていた出版社です。石橋湛山は総理大臣も経験するのですが、そもそもは「小日本主義」というものを唱えたジャーナリストです。戦争にも反対の立場をとり、そして戦争中も、ジャーナリストとしてとにかくものを書いて出していかなければいけないということで、山形のほうに会社ごと疎開をして発信をし続けたという人です。そして私自身は、東洋経済新報社を退職してから、ジャーナリストとしていまに至る、ということになります。

　この間の2004年に、NPO法人「親子法改正研究会」というのを立ち上げています。なぜかというと、私の子どもが無戸籍になって、戸籍というものを考えていく上でも、親子法を改正していかなければいけない、ということが理由でした。ただ、一般の市民という立場でNPOを運営していても、なかなか影響力を持つことができませんでした。そこで、とにかく何かしらのものにならなければならないと思い、政治的なところに接触ができるということで、もっとも身近な政治の場であった兵庫の県会議員にな

りました。

その後、いろいろと無戸籍の問題がどんどん大きくなっていき、政権交代のところで衆議院議員を経験しました。いまは、西宮にある関西学院大学、そして母校である東京女子大学で非常勤講師を務めています。ここまでが、いちおう、私の表向きのプロフィールというか、外に出ているプロフィールです。ですが、やはり人の人生というものは、こういった表向きのプロフィールだけではまったくわからないものです。

■ "もう一つ" のプロフィール

次に、私のもう一つのプロフィールをお話します。それは「婚姻」と「出産」、そして「離婚」というような、いわゆる戸籍の「身分事項」の欄に書かれるものとしての私のプロフィールです。

まず1990年に、25歳で婚姻をしました。当時はこの位の年齢で結婚するという人たちも多かったのですが、いまとなっては、ずいぶん早かったなと思います。

そして27歳で第1子を出産しました。30歳で第2子、32歳で第3子を出産しています。ですが、もうこの頃、つまり第3子を出産した直後あたりから夫婦の仲はとても揉め始めていて、結局、別居をすることになりました。

そうして離婚を模索していくことになるのですが、離婚をする場合には「有責配偶者」というものがあります。そして私たちの場合どちらが「有責」だったかと言えば、相手の方でした。そこで、私もすぐに離婚しようと思って市民相談に行ってみたところ、「いやいや、ちょっと待ったほうがいいよ」と言われました。「あなたは有責ではないので、あなたが言えばいつだって離婚ができる」と。「だけど、いま離婚したら、経済的に3人も子どもを育てていくとなると大変だろう」と言うのです。この時相談にのってくださったのは横浜市の市民相談の弁護士さんでした。その方に無料で相談にのってもらって、いろいろと話をして、そのように言われて、私も「そうか」と納得したのです。経済的な足場もなしで離婚をするとなると、確かになかなか大変だということで、何とか経済的に自立ができるように、

いろいろと準備をしていくことにしたのです。実際に離婚することができたのは、36歳の時のことでした。

　こうして計画的に離婚をしようと思ってものごとを進めていたのですが、そういう生活をしていく中で、ずいぶんと精神的に追い詰められる場面もありました。たとえば、一旦別居をしていたのですが、ある日、夫が突然家に戻ってきたために、1階と2階とで家庭内別居というものが始まりました。その時に、別居状態ではあったものの、私は離婚をする時にこちらが悪かったということを言われたくなかったので朝にコーヒーだけは淹れて出していたのです。そして、いつもコーヒーにはスティックシュガーを添えていました。ところがある時、たまたま夫とすれ違った時に「これ何?」と言われました。何だろう?と思ったら、スティックシュガーのつもりで出したものが、出汁のスティックだったのです。私、もうこれは相当「やばい」と、追い込まれているのだと思いました。何としても離婚しなくてはいけない、そう相手に伝えると、「調停してくれ」と言うのです。「自分で調停申し込めよ」と言いたくもなりますが、私はとにかく、一刻も早くやらなくてはいけない、という思いでした。そうして、どうにか調停での離婚にこぎつけることができたのですが、この調停の申し込みをしたことが、将来の私の人生にとってとても大きな意味を持つことになったのです。それについてはまた後ほどお話しいたします。

　このようにして最終的には調停を経て離婚にいたったわけですが、ただ、この調停というものは、一度話し合いをおこなうと次は2ヶ月後、といった具合で、たいへんに時間がかかるものなのです。横浜の家裁でおこなったのですが、特にこの時期はとても混んでいました。結局、調停を申し込んでもすぐに離婚するわけにはいかなくて、結果的には離婚を決意してから4年くらい後になってようやく、法的離婚が調停離婚で成立したのです。

　そして、その4年の間には、いろいろと人に悩みを相談したりもしますし、新しい出会いがあったりもしたわけです。私は3月9日に離婚をするのですが、この離婚の前後くらいから、いまの夫と付き合い始めていました。そして3月9日に法的離婚が成立して、5月3日に妊娠をするのです。

　この妊娠をキッカケにして再婚しようと思ったのですが、当時は、6ヶ

月の再婚禁止期間というものがあったために、すぐには結婚することができませんでした。そうして結果的に、6ヶ月を少し過ぎた11月22日に結婚したのです。11月22日、「いい夫婦の日」です。いまでこそみなさん知っていますけど、当時はまだあまり知られていませんでした。それで、その日に結婚しようということにしたのです。36歳の時の11月22日でした。そして、5日後の11月27日に出産したのです。

■「民法772条」の不条理に直面して

そこで問題となったのが、いわゆる民法772条、「嫡出の推定」ということでした。その1項は「妻が婚姻中に懐胎した子は、夫の子と推定する」というものです。基本的に婚姻していたら子どもの父親は夫であろうというルールです。

ただ、この「婚姻中」というものを規定しているのが2項です。婚姻中というのは、婚姻の成立の日から200日を経過した後です。ということは、私の再婚の場合、結婚して200日どころか、たった5日しか経過していません。したがって、200日を経過していないために、まずはこの2項の前半によって、婚姻中に懐胎した子を夫の子として推定することができない、ということになりました。

しかも離婚が3月9日で、出産が11月27日ですから、出産までに8ヶ月ほどが経過しています。正確には8ヶ月半くらいでしょうか。ですが、この2項の後半によると、「婚姻の解消若しくは取消しの日から300日」で生まれた子どもは、婚姻中の懐胎とみなされてしまいます。離婚した日から私たちの子が生まれるまでが、265日なのです。

ところで、みなさんは妊娠期間というものがどのくらいの日数かご存知でしょうか？ それを大学の講義でたずねると、いまの学生たちはとてもしっかりと答えることができます。「妊娠期間というのは何日ですか?」と訊くと、少なくとも「300日」とは答えません。私たちのお父さん・お母さん世代だと「十月十日」とよく言うのですが、実は10ヶ月ではありません。実際は「9ヶ月」なのです。「十月十日」ではなく「9ヶ月」です。欧

米ではしばしば「9 months」と言います。

　いま、妊娠期間の数え方は1週を7日として、40週とされています。1ヶ月が4週しかないのです。ですから「1ヶ月目」とか「いま3ヶ月」と言った時、3ヶ月というのは、4週×3です。ですから「12週」と数えるのです。実際には、40週が産み月といわれていて、予定日がきます。そうなると、40週なので280日なのです。ところが、その280日も、実際には最終月経から数えているので、排卵があって着床するまでのおよそ2週間は妊娠をしていません。つまり、実際に予定日に生まれたとしても、そこから2週間、14日を減らすと、266日ほどで子どもというものは生まれてくる、ということになります。「300日」とは1ヶ月以上も差があるわけです。私自身はやや早産気味で、37週で生んでいます。妊娠期間は40週で280日とされていますが、早産という事情がまったく考慮に入っていないので、計算としてはそれもすこし違うのです。

　いずれにしても、法的離婚をした後に妊娠した子どもなのに、どうしてその子の父親が、もうまったく関係のない、しかも離婚で争って、いろいろと大変な思いをさせられた前の夫になってしまうのでしょうか。

　離婚をした後にできた子どもの父を前の夫と推定するということ、これについてのもっとも大きな違和感は、やはり日本の法律というものが、離婚した女性がしばらくの間をおいて、たとえば離婚の1ヶ月とか2ヶ月後に妊娠をしたとしても、その性交渉の相手を以前の夫だと推定している、ということです。それがこの法律のそもそものあり方なのです。前の夫が性交渉の相手であるとしない限りは、この300日のルールというものは成立をしないわけですから。

　これは、国家が日本の女性たちに対して、たいへんな性差別をしていることになるのではないか、この法律は、一定の期間、離婚した女性が前夫の性的拘束下に置かれていることを認めるものではないか、これはとても大きな問題なのではないかと考えました。

　これを表 (表4-1) にしたものがこちらです。婚姻をして、離婚後の200日までは、いまの夫の子としてもよい、という民事局長の通知が昭和15年 (1940年) に出ているので、それで夫の子とすることもできるようになって

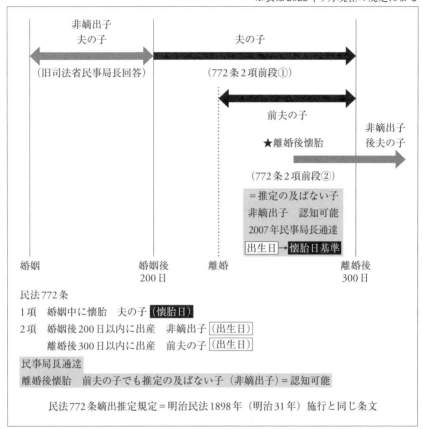

民法772条
1項　婚姻中に懐胎　夫の子　(懐胎日)
2項　婚姻後200日以内に出産　非嫡出子　(出生日)
　　　離婚後300日以内に出産　前夫の子　(出生日)
　　民事局長通達
　　離婚後懐胎　前夫の子でも推定の及ばない子（非嫡出子）＝認知可能
　　　　民法772条嫡出推定規定＝明治民法1898年（明治31年）施行と同じ条文

〈編集注〉　本講演および上記表は2022年9月時点のものである。その後、2022年12月10日に法改正が行われたため、以下編集より注釈を加える。

　2022年12月10日の改正民法の嫡出推定規定によれば、離婚後300日以内に子が生まれた場合でも、その母がほかの男性と再婚した後に生まれていれば、（再婚した）現夫の子とするという例外規定が設けられている。またこれに伴い、女性に対して、離婚後100日間の再婚禁止を定めていた規定は廃止された。例外規定は再婚した場合のみが対象であり、救済範囲は限定的である。加えて、従来は夫のみに認められていた嫡出否認権を子および母にも認めるなどの改正も行われている。改正民法は2024年4月1日から施行される。詳しくは法務省ウェブサイト「民法等の一部を改正する法律について」（https://www.moj.go.jp/MINJI/minji07_00315.html）を参照されたい。

表4-1

はいます。ただ本来なら、法律的なことで言えば、非嫡出子として、つまり結婚をしていたとしても父親欄は空欄で届けを出さないといけないのです。実はいまも空欄で出しているのですが、婚姻をしていたらそれを認める、ということなので。空欄、同時にいまの夫の子に名前を入れる、というような、本当に形式的なことでいろいろとやっているのですが、そのようにしていまの夫の子になっているのです。

　一旦は、全員を非嫡出子として200日以内だとしなければいけない、ということでした。離婚をした場合は、離婚後200日を過ぎていても、この離婚後300日以前というのは、たとえば、先ほどの私のようなケースだとしても、前の夫の子になってしまう、ということになるのです。

　私は自分が子どもを生んだ頃、子どもが無戸籍になってしまうことや、この法律についてはまったく知りませんでした。それで子どもが生まれたので、当然出生届を出して、一度は認められたにも関わらず、子どもが無戸籍になってしまうということを知った時に、非常に強い違和感を持ちながらも、そういう目にあっているのはきっと自分だけしかいないのだろう、と長いこと思っていたのです。ところが、自分だけではなくて、実は多くの、同じような思いをしている人たちがいるのだということを、子どもが無戸籍になったことによって知ることになりました。

II……「無戸籍者」とは誰か?

■民法772条：「離婚後300日」ルール

　では、そもそも「無戸籍者」とは誰なのか?ということを見ていきたいと思います。まず「無戸籍」は、何らかの事情によって出生届が出されない、あるいは出生届を出すことができない場合に生じます。

　私の子どもの場合は、出生届を出しに行って、一旦は受理されています。しかし、戸籍というものを作る段階で、問題があることが明らかになりました。戸籍を作る時、芦屋市役所の人が「この人子ども4人目だよね」と言いました。最近は、多産の人もなかなか少ないので、「へーっ」と驚いてい

たのです。そして、その戸籍係の人が調べたことで、離婚後300日ルールの存在がわかりました。ただその時の窓口では、特に問題になることもなかったのです。戸籍を作る手続きには、本籍地に確かめたり、いろいろとしたりしなくてはいけないので、おおよそ1週間くらいはかかります。ただ、出生届を提出すればその自治体の住民票そのものはすぐに出るのです。ですから、夫は子どもの戸籍を出しに行った時に、「住民票はもうできましたよ」と言われたので、記念として住民票を取ってきてもいるのです。ですがその後に、戸籍係の人が「離婚後300日ルール」の存在に気づきました。

この場合、出生届は出されたけれども、「追完届」というものを出して、父親を前の夫に変えない限り、この出生届を受けることができない、ということになったのです。しかしもちろん、本当に違うお父さんの名前を入れるということについては、私たちはしたくないので、「それはできません」と言いました。結果的に芦屋市役所は、一旦は作られた住民票もすべて破棄して、無戸籍、すなわち出生届が出されていないという形にしたわけです。

後ほど「6分類」というものについてもお話したいと思いますが、私たちのように、何らかの事情でこの民法772条の理不尽なルールに従えないと言った人たちや、戸籍が滅失した人たちは、無戸籍になってしまいます。戸籍の滅失には、たとえば戦争によるものがあります。戸籍は、「本籍」というものがないと作ることができません。かつて南サハリン（旧樺太）は日本の領土でしたが、戦後日本が南サハリンを失うと同時に、樺太に本籍を持っていた人は自分の本籍地を失うことになりました。そうすると、もう全員が無戸籍になってしまうのです。また、先の戦争では沖縄の本島で激しい地上戦がありました。それによって沖縄の本島の方たちの戸籍はほぼ焼失してしまっています。そのため、自分たちの本籍はどこそこにある、と言ったとしても、役所ではもうそれを把握することができていません。そのため無戸籍になってしまうのです。

無戸籍というものは、無国籍とは違います。日本では、1984年の国籍法改正までは父系の血統主義が採られていました。両方の血統主義ではないので、父親が日本人であればその子どもは日本人です。一方で、父親が外

国人であれば、その子どもは日本国籍を取ることができない、というようなことが長くありました。国籍法の改正以降は、父親、もしくは母親が日本国民であれば、自然にその生まれた子どもは日本人であるということになりましたから、国籍を決める、という場面でのことではありません。ですから無戸籍の場合は、両親もしくは母親、父親が日本人である、ということになります。

■可視化された無戸籍者：「巣鴨置き去り事件」

　無戸籍ということが社会に可視化されるという点について言うと、1988年に「巣鴨置き去り事件」というものが起こっています。この「巣鴨置き去り事件」については、是枝裕和監督が『誰も知らない』というタイトルで映画化して、主演された柳楽優弥さんが2004年にカンヌ映画祭の主演男優賞をとっています。この時に、戸籍がないということが非常に先鋭に社会で問題化されていくことになります。

　ただ、遠藤正敬先生の講義を先に聞いておられるのであれば、「無戸籍」というものは必ずしも珍しい話ではないのだということはすでにご承知のことでしょう。明治の時代になって近代戸籍制度が実施される以前から、無戸籍の問題は実は存在していたのです。たとえば、江戸時代、時代劇などを観ているとよく出てくる、いわゆる「札付き」などと言われた人たちのことです。「札」というのは、戸籍というか、村に名簿があって、"この人は自分たちの村にはもう入れないよ"ということを示す札を、掟破りの人たちにまず付けるのです。それで、その人をどこかに除外して、その札をとっていく、それが「札付き」です。ですから、その「札付き」の人たちというのは、どこにも登録をされていないので、無戸籍になるわけです。佐渡に流されて金山で働いていた人びとや、人足寄場という場所にいた人たちは、ほとんどがそのような無戸籍の人たちの集まりであったと言われています。そういう意味では、問題としてはずっとあったのだということです。

　そして1988年、ちょうどバブルに向かっていく頃に起こったこの「巣鴨置き去り事件」は、社会問題として大きく取り上げられることになりまし

た。あとでもう一度このことについては話したいと思っています。

　さて、このように解決されるべき社会問題として「無戸籍」というもの
が存在していましたが、それが解決されなければいけない問題として社会
的に認知されるに至ったのは、誰がどのような運動をしたからだったの
か？　そこにメディアや世論や政治というものはどのように関わってきた
のだろうか？　それが、私が大学院で研究してきたことでした。また、それ
が政治課題として認知されなかったのはどうしてなのか？　どうすれば
それは政治課題になり、解決に至るのか？　というようなことも研究してき
ました。

■データから見る無戸籍者：少なすぎる法務省の把握

　では、いま、無戸籍者が日本におおよそどのくらいいるのだろうか？と
いうことを見ていきましょう。これは最新のデータです。

　法務省によると、成人無戸籍者も含めたすべての無戸籍者は現在793人
です。「8月10日現在」となっています。毎月の10日現在の数字が、その
月の次の月の終わり頃に発表されるのです。ですから、すでに9月のデー
タが出ているはずで、それは9月の終わり頃に発表されることになります。
2014年の8月からの総数は4,213人で、解消された数が3,420人です。それ
で、いまは793人ということです。

　なぜ2014年8月から集計されているのかというと、法務省が無戸籍者を
解消しなくてはいけないということで、「無戸籍者ゼロタスクフォース」と
いうものを展開しており、その一環として、こうした実態把握がおこなわ
れているからです。

　そうして、およそ10年足らず、この8年ほどで、総数4,213人のうち、
3,420人の無戸籍が解消され、現在の無戸籍者は793だと法務省は報告して
いるわけです。ただ、これには「数字のマジック」があります。実際、私
たちの市民団体では、無戸籍者数はいまも1万人以上いると推定していま
す。そうすると、私たちの推計する1万人という数字と、法務省が発表し
ている793人という数字とでは、とても大きな差があることになります。

どうしてこんなに大きな差があるのでしょうか？　ここでは、この法務省の調査というものをよくよく見ていく必要があります。

　まずこの法務省の調査が何を元にしているのかというと、地方自治体への調査です。つまり、それぞれの地方自治体に「おたくの市には無戸籍者はいますか？」と聞くわけです。すると「います、いま、3人が相談に来ています」などという返答が得られて、それを毎月毎月積み上げていくのです。このような調査を全自治体や児童相談所など、そういった各所に対しておこなっていくことになるのですが、その回答率は何と2割以下なのです。10割ではありません。2割弱しか答えていないわけですから、当然このような数字しか出てこないわけです。

　そして私たち市民団体は、この「1万人」という数字を当てずっぽうで言っているわけではありません。まず、この数字のベースとなっているものは司法統計です。先ほど、私が家裁で離婚のことをいろいろやったとか、離婚調停の申し立てをおこなったということをお話ししましたが、家裁というところでは、そういったことについての統計をとっています。それで戸籍に関して、自分の戸籍を取ろうとか、または先ほどの民法772条で、本当のお父さんを決めて、そこに記載をしていこうというようなことが年間3,000件くらいあるわけです。その3,000件の中で、未決、もしくは届け出の取り下げという形で、結局自分たちの思ったような戸籍を取ることができなかったというケースが毎年500件くらいあります。この500件に20年を掛けて、1万人という推定をおこなっているのです。ここで何故「20年」なのかというと、先ほど巣鴨の事件が1988年と言いましたが、実は無戸籍の問題というのは、直近の20年で、以前と比較してずいぶんと顕著になってきているからです。

　その理由を説明しましょう。まず、病院出産と、助産師さんが来て自宅で出産するという数字が、1965年に逆転します。1965年というのは私が生まれた年なのですが、56年前です。それまでであれば、私の場合のような、民法772条のようなケースに関しては、誕生日を離婚後の300日以降にしてしまえば、その子どもの父親を後の夫にすることができました。要するに、誕生日そのものをズラしてしまうのです。そうすることで、子どもが無

戸籍になってしまうことがないように、登録できないなどということがないように、民間で緩やかに対応がおこなわれていたのだと言えるでしょう。

　ですが出生が病院になってしまうと、やはり何時何分に生まれたということまで正確に記載されてしまうことになりますから、誕生日を動かすということはとても難しくなります。ですから1965年から数えてもいいのですが、さすがにそこを起点にすると膨大な数になってしまうし、中には解決している人たちもいるだろうということで、直近の20年として、少なくとも1万人はいるだろうという推定をしています。そして、この「少なくとも」の中には、司法の場に出られない無戸籍の人たちも当然いるわけです。それゆえ、そのような司法の場に出られない無戸籍の人たちも含めたならば、おそらく本当に1万人どころの話ではないだろうと思われます。

■無戸籍者の6つの分類

　先ほど述べたように、無戸籍者が生まれるには6つの理由があります。

　まず一つ目は、これまでも述べてきたように、法律の問題、民法772条のケースです。

　二つ目に、最近多いのが、虐待やネグレクトによって親が出生届を未届のケースです。赤ちゃんが生まれてからすぐに殺してしまったとか、生後何ヶ月かで放置して死んでしまったといったケースもあります。ここでお母さんたちを責めるというのは、私は違うと強く思っているのですけれども、こうしたケースを辿っていくと、たいていが無戸籍です。届出をしていないということが非常に多くなっています。たとえば、相手が結婚をしていて子どもの認知をしてくれない、といった事情で出生届を出すことができない、という場合があります。また、自分が借金などで追われている身であるため、戸籍を出すことで自分の居場所が知られてしまうことが怖くて、届け出をすることができない、という場合もあります。役所に自分のことを言ってしまったら、それで自分の居場所がわかってしまうのではないかと考えて逃げてしまう、そうやって起こっているということもあるのです。

　三つ目に、戸籍制度というものにそもそも反対というケース、これもあ

ります。自分は戸籍があるのだけれども、制度自体に反対なので、子ども
については、戸籍を取らなくても生きることができるのだということを証
明していこう、ということです。それはある意味ではとてもチャレンジン
グなことですけれども、ただお子さん自身は、やはりそれによって生じる
いろいろな障害を乗り越えていかなければいけないことになります。たと
えばパスポートを取る場合など、いろいろな場面です。ただこのように、70
年代、80年代に、戸籍制度に反対の方々が行動してくださったことの積み
重ねの先に、いまではパスポートが取れるようになっている、ということ
もあります。このような、戸籍制度に反対ということで無戸籍にしている
というケースは、積極的な無戸籍者と言えるでしょう。遠藤先生などは、戸
籍がなくても生きられるようにしよう、という立場を取っておられます。
こういったことも無戸籍者が生まれる一つの理由ではあるのですが、これ
は積極的な理由ということになります。

　四つ目は認知症が原因となるものです。たとえば80歳とか90歳になっ
て、自分でも知らないうちに電車で移動してしまって、そうして自分がど
こに住んでいたのかとか、帰るところが自分でもわからないようなケース
です。こうした認知症のケースでは、移動した先で戸籍を作ってしまいま
す。そうすることで、移動した先の自治体で社会保障を受けられるような
形にするのです。そして、後に誰であるかがわかった時には二重に戸籍が
できていることになるのですが、その場合は新しく作った追加の戸籍のほ
うを抹消して、本来の戸籍で生きるということにするわけです。したがっ
て、二重に戸籍を持っているというのが、認知症のケースです。

　五つ目としては、先ほどサハリンや沖縄のケースに言及しましたが、戦
争によって本籍地を失う場合や、災害などで戸籍の記録自体がなくなって
しまったという場合です。先の東日本大震災では、南三陸町で戸籍の流出
が発生しました。戸籍には原本と複本というものがあって、たまたま複本
が法務局に残っていたために町全体の人が無戸籍にならずに済んだのです
が、こういったところは戸籍制度の非常に危うい点でもあります。

　六つ目は、眞子さんの話になりますが、天皇・皇族です。こうした人び
とは「無戸籍」ではなく「非戸籍」という形になっています。眞子さんも、

もしも戸籍があったならば、小室さんともっと早くに婚姻しているのではないかと思います。もう成人しているわけですから。そういう意味では、戸籍のおおもとの問題というのは、やはり臣民と天皇の関係のあり方、明治の近代戸籍の、もともとの作りようというところが、最大の問題になってきます。「無戸籍」ということでは、この6つを押さえていかなければいけません。

■非常に困難な無戸籍者の「就籍」

　では、無戸籍になった人たちというのは、どうしたら戸籍を得ることができるのでしょうか。これについては、手続きは必ず家庭裁判所に行って、調停や裁判をしなければいけません。たとえば、本当のお父さんを入れるという手続きで家裁にいったものの、嫡出否認といって、前の夫から「この子は自分の子どもじゃない」というようなことで否定をされるというケースもあります。あとは、「親子関係不存在」といって、子とか母親、前夫とか実父などの親子関係に関わる人たちから、「あなたがお父さんではありません」という申し立てをおこなうということもあります。

　最近もっとも多いのが、認知という形で、本当の父親に対して認知を求めるということをおこなっていく中で、前の夫の嫡出の推定を外していくということです。

　あとは、親がわからない場合は、「就籍」という手続きがあります。これは非常に大変です。親がわからないということは、先ほども述べましたが、この国では戸籍を作る前提として、親、つまり母親か父親が日本人であることを証明しなくてはいけません。そうすると就籍の場合、親がわからないのですから、日本人かどうかということもわかりません。ですから、非常に客観的に、この子が日本人であるかどうかということを裁判所で見なければいけなくなるわけです。そうすると就籍は、特に若い男の子の場合は非常に難しいものになってきます。というのも、外国のスパイではないかとか、事件を起こすのではないかなどという、とても強い偏見が存在するからです。

たとえば、私の相談者が就籍の手続きをしていて、裁判所に面接に行った時に、同じ歳の人が面接官だったそうです。するとその面接官が、実は自分は君と同じ年齢なので、日本人ならここに予防注射の跡があるはずだと、上半身裸になって、自分のBCGの跡を見せたのだそうです。そして「君は病院にまったく行ったことがないとか、予防注射をしたことがないと言うけれども、服を脱いでBCGの跡があるかどうかを見せてくれ」と言われたらしいのです。もし跡があったならば、病院に行ったことがない、学校に行ったことがない、保健所にも行ったことがないということは嘘だったということになります。BCGの跡というものは、その型で接種した年代がわかるそうですね。日本人でも型が違っていて、何年生まれかということも、その跡を見ればわかるそうです。「強要はしない」とも言われたらしいのですが、私の相談者はここで怯んで脱がなければ疑われると思って、上半身裸になりました。脱いだわけです。もうドキドキですよ。自分でここに跡があるなんていうことは考えたこともないわけですから。またBCGの跡というものは、見ただけで国も分かるそうです。それで、たとえば中国のBCGとか、韓国のBCGとか、アジア系、タイでもどこでもそうですけど、それを見れば国もわかるということで、その意味でも、BCGの跡の見せ合いっこをしたのですが、結局私の相談者には何の跡もありませんでした。ですから、病院にも保健所にも行ったことない、ということは本当だったと証明されたことになりました。ところが、そこまでして、ある種の人権侵害ということまでやったにもかかわらず、彼は戸籍を取ることができませんでした。というのも、彼は日本語がとても上手で、申述書もパソコンを使って作ったのですが、とても立派な、しっかりしたものを作ったのです。たいへんに頭がいい方でした。最終的には弁護士にも見てもらった上で提出しているので、当然、立派な書類なのです。そういったものを提出したら「学校にも行っていない者がこんなことを書けるはずがない」と言うのです。「なので、君が学校に行っていないなんてことがあるはずがない」、嘘にちがいないということで、就籍は認められませんでした。
　ただ、こういったことがあると、その方もそうですけれども、そのまま無戸籍で、登録されないまま生きなければいけなくなります。登録されて

いないということは、生きる基盤がないということです。生きる基盤がないということは、当然ながら貧困になっていってしまいます。教育機会がありませんから、まず学ぶことができません。学ぶことができないということは、就労、就職することもできません。働けない、結婚できない、自分が誰だかわからない、いろいろと支障が起こってくることになります。人生の選択肢が極端に限られてきます。ですから無戸籍というのは、人権問題なのです。

ただ実は、いまでは、これらのことは全部できるようになっています。無戸籍のままでも教育が受けられます。就職もできます。結婚もできます。そしてパスポートも取れますし、海外に行くこともできます。こうした変化は、2007年頃に非常に大きなムーブメントがあって、その活動の成果として得られたものです。

では、戸籍がなくても、無戸籍のまま生きることができるのであれば、戸籍などはいらないのではありませんか?という話にもなってきます。先ほど、どうして無戸籍というのができるかということについては、民法772条の嫡出推定であるとか、嫡出否認というような日本の民法の規定のためであることをお話しました。それに加えて、性同一性障害の特例法や、戸籍法という法自体のありようが、日本人というところでの登録を妨げている理由になってきます。

III……「巣鴨置き去り事件」の社会的文脈

■あらためて「巣鴨置き去り事件」を考える
── 社会的連帯をつくり出すために

では、巣鴨の置き去り事件というものについて、ここでもう一度お話しします。この事件がどうしてこれほどの社会的な関心を生んだのかというと、それが単なる子どもたちの遺棄事件ではなかったからなのです。そこには戸籍という非常に大きなキーワードが入っていました。

私は巣鴨置き去り事件について、新聞の見出し検索をしてみました。4

月21日にこの問題が発覚するのですが、たとえば読売新聞の夕刊が『3児置き去り蒸発10ヶ月　押し入れには幼児の死体』ということで、一番早く記事を出しています。そして、記事の中で戸籍への言及があるかないか、登録制度についての言及があるかないかということを研究していきました。

　こうして見ていくと、まずは『都会の病理』とか、『都会では何をしていたのか』とか、『母親をかばう長男』とか、いろいろと出てきます。出生届とか、戸籍だとか、戸籍づくりだとか、いろいろなことが出てきて、最終的には社会の大きな関心を得ていくことになって、『置き去り児に戸籍を』といった記事が出てきています。「戸籍がない」ということが、この問題が起こり得た理由の中心として理解されていったということです。

　また、この事件の時には、隣に住んでいた人や、近所の人たちに対して、ものすごい嫌がらせやバッシングが起こっています。近くに住んでいた人たちが引っ越さなければいけないほどでした。それはどうしてかというと、この子どもたちに「戸籍がない」ということについて、周りの大人たち、周りの人たちに責任があるのではないかという風に報じられて、社会の問題へと置き換わっていったというところがあったからです。

　そして、もう一つ注目したいことは、この巣鴨置き去り事件というものは、一過的には非常に大きな問題になっていったのですが、社会問題として幅広い連帯を実現することはできなかったということです。それは何故かというと、やはり戸籍制度の容認ということが、この事件を起こしたお母さんの根本のところにあったのではないか、と考えられたからだと思われます。『結婚叶わず悲劇の道』とか『男性と別れ転々と』という記事もありました。お母さんはよい家庭を演じ続けていたのに、実際はそのような家庭はなくて、むしろ戸籍もなかったというようなことだったわけですが、特に当時の女性運動の中では、やはり戸籍制度を容認することに加担してしまうのではないかということで、このお母さんへの連帯はあまり示されませんでした。

　そういったわけで、どちらにしても、この子どもたちが非常に大変なところにおかれて、死亡事件さえ起こってしまったわけですが、社会運動を通じてなんらかの解決にいたるとか、無戸籍の問題が大きくクローズアッ

プされて、その問題がここで解消されるということには、この段階では至りませんでした。その原因の一つとしては、戸籍制度を容認する女性たちにどのように向き合っていくのかということについて、運動の側でも十分に成熟できていなかったということがあります。

■ドメスティック・フェミニズム

　ここで「ドメスティック・フェミニズム」というものに注目する必要が出てきます。ドメスティック・フェミニズムについては、この鈴木彩加さんという研究者の方が日本の右派の女性たちの運動についての研究をされていて、今日はくわしくは紹介できませんが、これは非常に優れた研究です。(『女性たちの保守運動　右傾化する日本社会のジェンダー』[2019年、人文書院])その中で、「ドメスティック・フェミニズム」というものをどのように捉えていくのかということが、この国としても大きな課題であると述べておられて、私もこれは非常に重要な問題だと考えています。

　「フェミニズム」というものは、性差に関わらず平等を求める運動とか、女性解放を求める運動であると言われます。それに対して、「ドメスティック・フェミニズム」というものは、たとえば政治などに代表される公的な領域、そういったところは男性が担い、家庭やボランティアといった私的な領域は女性が担う、そして、そういった領域を聖域化することで、女性たちを法で守っていく、というものです。

　「良き日本人女性」というもののありようを想定して、たとえば「130万円の壁」などといいますが、配偶者控除のように法で守って、その範囲で働くのであれば肯定する、有利にする、というようなことです。逆に、家庭の外で働く女性や、国外にいる女性は、法で守る必要はないと考えます。法で守るのは、あくまでも「良き日本人女性」である、ということであって、逆に婚外子などは、法の外で生まれた子どもなのだから、それは差別の対象にしてもかまわない、ということになります。そして実際に、「家庭」という枠から外れた人たちに対しては、家庭外の存在なのだからいかがわしい存在なのだとして、法によって長い間差別がおこなわれていたのです。

■不条理への"気づき"から当事者運動へ

　「無戸籍」の問題の背景には、婚姻制度の肯定ということがあります。この問題の対象になる女性たちというのは、基本的にはこのドメスティック・フェミニズム、家庭の中で、その範囲の中で自分たちが生活をしていくこと、活動していくことに対して、特に疑問を持ってこなかった人たちです。実際、そうした女性たちの多くが再婚をしています。離婚再婚を繰り返しているということは、日本の法律、婚姻法に関しては特に疑問を持っていなかった、むしろ、それを肯定していた人たちだったということです。

　しかし、そうした人たちが「無戸籍」という体験を通じて、法律自体を疑うようになっていく、そして、まさにそれこそが私なのです。法に従って結婚をして、法に従って離婚をして、法に従って再婚をした。私は一つも法に背いていないにも関わらず、なぜそのアウトプットとして、子どもが登録できない無戸籍者になってしまうのか？　そう考えた時に、これは私が悪いのではなくて、法律が悪いのではないかということに気がつくわけです。

　そして、やはり同じような思いをした人たちが大勢いて、当事者運動というものが起こってくることになりました。2007年のことです。ちょうど2007年に変わる頃に、毎日新聞が『埼玉で2歳児の無戸籍児発見』といった記事を出したのです。それに対して、私は毎日新聞の記者に連絡を取って、「無戸籍」の問題というのはめずらしい話ではなく、社会の中に常にあった話なのだということを伝えると、「いや、自分もよくわからないで書いてしまったので一度しっかりと教えてもらえませんか?」ということになって、やり取りをしていく中から、メディアとのコラボというものが起こってくることになりました。

　結局、この当事者運動を担っていた人たちはどういう人たちなのかというと、先ほど言ったような意味で、本当に「大転換」を果たした人たちでした。かつては婚姻制度について、特に深く考えることもなく肯定していたけれども、それを疑っていくようになる、という大転換を果たした人たちなのです。いまの状況では、多くの日本人にとって、戸籍があることな

どはあまりに当たり前なので、それを疑うというところまでいかないのです。どのようなあり方が自分たちにとっていいのか、というようなこともわかっていない、そういった状況の中で、今度は「法を問う」ということになっていきます。たとえば、離婚後300日の問題で言うならば、離婚後300日とか、婚姻後200日という規定にほんとうに意味はあるのか?というようなことです。この規定によって、結局、国の法律が離婚女性を一定期間、前夫の性的拘束下に置くことになるのです。実際1942年には、先ほども言ったように、法務省自らが「200日」を否定してもいます。そして2007年の運動によって、「300日」も否定されました。それでいま、法改正をしようとしているのです。

　それに付け加えて述べておくと、「再婚禁止期間」というものが平成28年に「100日」に短縮されています。これについては何かいい話であるかのように聞こえますが、実は少しもいい話ではありません。何故なら、これは法律が制定された明治の時代の単純な計算ミスを修正したものにすぎないからです。離婚後300日から婚姻後200日を引くと、その差は100日ですから、そもそも婚姻禁止期間は「100日」でなければなりませんでした。しかし意図的か単純な間違なのかはわかりませんが、これが「180日」（＝6ヶ月）とされていたのです。そういった訳で、「法律の中に計算ミスがある」と長いこと言われ続けてきたものがようやく修正されて、ミスで生まれた80日の差を埋めただけなのですから、このこと自体にはまったく意味がない、ということになります。

IV……戸籍がつくり出す差別

　先ほどもお話ししたように、私たちのように、もともとは婚姻制度というものをまったく疑っていなかった人たちが、「戸籍を問う」という活動に参加することによって、そこに存在していた差別というものが浮き彫りになっていくことになりました。ここからは、それについて考えてみたいと思います。

■ジェンダー差別

　まず一つ目は、ジェンダー差別です。「嫡出否認制度」と言いますが、いまの法律では、父親を決めるのは前夫のみです。ただ、たくさんの人たちが運動を通じてその問題点を明らかにしていったことで、その運用が拡大されていくことになりました。

　しかし、誰が父親であるかは、本当は母親が一番よくわかっているし、父子関係に最も影響を受けるのは母子関係や母親であるにも関わらず、父親を決められるのはやはり前夫のみで、そこには女性の介在がありません。男性は、婚姻を維持しながらほかの女性との間で生まれた子どもの父にもなることができますが、女性が、ほかの男性との間に生まれた子どもの母親になることは、戸籍というものがあるために非常に難しいのです。「父とは誰なのか?」という本当に基本的なことに関して、戸籍というものの中には、男女の差、ジェンダー差別というものが非常に強く存在しているということです。

■同性間の差別

　次は、同性間の中での差別についてです。同じ女性でも、離婚女性と婚姻を継続している女性の間に、差別が存在します。そして、初婚もしくは離婚後100日を超えた女性と結婚しようとする男性と、離婚後まもなくの女性と結婚しようとする男性の間にも、差別が存在します。男性のほうでも、結婚したいと思う女性が離婚しているのかどうかによって、男性の権利、父親になる権利であるとか、婚姻する権利というところで、非常に大きな差別が行われているということです。

　加えて、不妊の男性と、性同一性障害で女性から男性に性別移行をした男性に対しても、差別があります。不妊の男性のことをAIDと言うのですが、精子提供を受けて子どもを産むという場合に、不妊の男性で精子提供を受けた人、つまりシスジェンダー男性（出生時に割り当てられた性別と、性自認が一致している男性）については、その子どもをそのまま自分の嫡出子とす

ることができます。しかし、性別変更をおこなっていると、戸籍にはそれが情報として書かれているためにわかってしまいます。それで、「もともとの性別が父になれないのだから、子どもを嫡出子とすることはできない」ということにされてしまったのです。これは実は、私の相談者でした。それで裁判を起こしたのです。高裁までは、その性別変更をした男性は父親として認められず、子どもは妻の婚外子ということにされて、父親欄は、結婚しているにも関わらず空欄にされてしまっていたのでした。しかし最高裁では大逆転の判決が下され、勝訴となりました。性別変更をした男性も婚姻をして、先ほどの婚姻後200日を超えていたならば父親になれる、という判決が出されたのです。

　では、何故このような大逆転判決が出されたのか、考えてみましょう。もしも、性別変更した男性を父親と認めないのであれば、すべての不妊男性が生物学的には父親ではないわけですから、性別変更した男性と同じように父親欄を空欄にして一旦届け出をして、そこから養子縁組をするとか、いろいろなことをしなければ不妊男性は父親になれない、ということになります。それらの手続きを踏まなければ父親になれないということになったとしたら、AID児というのは、もはや1万人以上存在しているので、これまでの戸籍をすべて訂正しなくてはいけなくなります。それはものすごく大変なことになってしまうので、ここで大逆転判決がされたということなのです。最終的には逆転判決が出たからよかったのですが、ただ、この性同一性障害の人も、戸籍で父親を空欄にすることに対して、出生届を出さないことによって抵抗したので、結果としてはここでも無戸籍が発生してしまっているのです。

■家族の序列化：「戸主」＝「筆頭者」

　こうしていろいろと「法を問う」という姿勢で考えてきましたが、実はいま、もっとも問題であるのは、こういう問い直しをやったとしても、子どもを本当に登録できるかと言ったら、いまの戸籍のあり方では登録ができない、ということなのです。というのも、「戸籍編製」という問題がある

からです。

　まず、戸籍の登録は個人ではなく、「夫婦と未婚の子」ということになっています。たとえば、前の夫の子ではなかったとしても、この戸籍の中に入っている限りは必ず夫と同じ戸籍に載るので、子どもが生まれたといった時の存在的にはわかってしまうので、どうしても戸籍編製上、なかなかこの婚姻家族という規範の中では、非常に難しいのです。

　次に、戸籍というものは、やはり家族内に序列を作ってしまうものです。昔の「戸主」は、いまは「筆頭者」と名前こそ変わっていますが、実際はほぼ同じものです。やはり家族に順番付けをおこなっているのであって、そこには差別が生じることになります。

　なぜそういうことになってしまうのかというと、夫婦同氏の原則があるからです。違う氏で個別にできるなら、そういったことも避けられるのですが、いまは同じ氏で、まずは選択をしたその人の元々のところから、婚姻をしたとしても、どちらかの氏を取るということになっています。その氏を取った人が筆頭者になって、またそこに次々と序列を作っていくという形になっていて、それによって、無戸籍も含めて、問題が続いていくことになるのです。

■「外圧」の不在が戸籍制度を温存する

　先ほど、無戸籍の問題についてどのように活動をしているのかということについて言いましたが、法律というものについては、この国では「外圧」がかからない限り、なかなか変わっていきません。たとえば、「子どもの連れ去り」とか、「共同親権」といったことで、いま非常に問題になっているものの根本には「ハーグ条約」というものがあります。実は、このハーグ条約や共同親権ということに関しては、アメリカからものすごい外圧があって、それに対して政治が呼応しているような形です。

　ところが戸籍制度というものについては、これはほかの国にはないものなので、外圧が存在しません。ですから、なかなかその問題が注目を集めて、戸籍というものを変えようよ、という話にもならないのです。結局、法

律を変えようよ、民法を変えようよ、と言ったところで、それはそこまで
の話にすぎません。戸籍法を変えようよ、とか、戸籍法をなくそうよ、と
いうようなことは、まったく話にも出てこないのです。本来であれば、多
様な家族を支えることができる法律にならなければならないのですが。

　たとえば、先ほどもお話ししましたが、代理出産をはじめとした生殖補
助医療に関しては、とても大きな問題が出てきています。おそらくこの秋
の国会でも、生殖補助医療、特に代理出産の話が出てくるはずです。そし
て同性婚です。実は同性婚については、生殖補助についてよりも強い外圧
がアメリカからかかっています。ビジネスと関わっているところに関して
は、非常に強い外圧があるのです。ですから、急速にこうした問題が出て
きた背景、日本の法改正という動きのおおもとには、やはりアメリカとい
う力が働いているという点は押さえておかなければいけないところです。
しかし、戸籍制度というものについては、やはり外圧が存在しません。戦
後、憲法を変える時に、戸籍も全部なくそうということもGHQは言った
のですが、結果的にはそのままにしてきてしまいました。それが唯一の外
圧で、それ以降に関してはまったく外圧が存在しないのです。

■民法772条改正案：「離婚後300日ルール」の温存

　さて、民法772条については、それによって生じる無戸籍を解消するた
め、この秋の臨時国会、もしくはその次の通常国会で改正案が出ると言わ
れています。その改正案の主な特徴としては、「婚姻後200日」という規定
の削除をあげることができるでしょう。したがって、婚姻したら次の日か
らその人はお父さんになることができます。ただし「離婚後300日」の規
定は維持なのです。何故この離婚後300日、このまったく理由のない300
日という規定を維持するのでしょうか。やはり、女性は離婚した後はしば
らくほかの男と性交渉をしてはダメだと、それこそ「はしたない」と、そ
ういったことを法律的にまだ言うわけです。これは差別の温存です。

　もともと「離婚後300日」というのは、単にフランス民法をコピペしただ
けのものですから、同様のものは実は外国にもあります。たとえばアメリ

カの親子法でも、300日という言葉は条項としては残っています。ただアメリカやほかの国には戸籍制度はありません。出生届は出生届、婚姻簿は婚姻簿として分かれています。そもそも個人登録なので、たとえばこんなことがあったとしても、つまり「300日」が規定としてあったとしても、子どもの登録ができないなどということにはならないわけです。ですから、ほかの国にも同様の規定があるのだから、当然これはあってもいいのだ、などというのは不条理です。むしろほかの国も削除するべきだと私は思います。

　ですが、このような機会にも、まだまだ差別をしていこうということが言われていて、それに対して誰も何も言わない、法制審議会などで審議されたとしても、どうしてもここは維持していくということになる。それは、いわゆる保守派、いま騒がれている旧統一教会の問題ではないですけれども、そのような一派がやはりうるさいということがあります。保守派がうるさいから残しておけ、ということで、結果的には差別を温存していくというのが、今回の改正案の中にも出ているのです。

　そして、非常に大きな問題としては、再婚していれば後夫の子にするけれども、再婚をしていなければ前夫の子だということです。お母さんが離婚した後、再婚したらお父さんは再婚相手、再婚していなかったら前の夫、つまり、お母さんの婚姻の状況で子どものお父さんが変わるということです。これはとてもおかしな話です。ならば、婚姻できない人は、すべて前の夫の子になってしまうではありませんか。このような差別があって、嫡出否認の権者が拡大するとか、この否認期間を1年から3年にするとか、プラスで捉えられるところも無きにしもあらず、ではあるのですが、これが本当にプラスかというと、必ずしもそうとは言えません。

■公的討議が欠落しがちな「議員立法」の問題点

　結局のところ、実は女性とかジェンダー、性と生殖に関わる法律というものは、ほとんどが議員立法なのです。あの優生保護法ですら、男性の国会議員の案で、一夜にしてできているのです。それは1996年に母体保護法と名前を変えるのですが、この時も議員立法で名前が変わっています。同

様に、産休教員だとか、最近ではAV新法などもすべて、議員立法です。

　この「議員立法」というものは1990年代頃から増えてくるのですが、「議員立法」と聞くと、何かいい感じがしますね。いかにも議員が働いているような気がしてきます。しかし法律のでき方として考えると、国民の声を聞く前に党内手続きで終わってしまうので、たとえばパブリックコメントとか、いろいろ人々からの意見を聞くという手続きをしないままに、委員長提案で質疑なしで決まってしまうということが非常に多いのです。どうして女性に関わることの多い法律だけが議員立法になっていくのでしょうか?

　その一方で、女性に関わることでも絶対に閣法で、議員立法にさせない法律があるわけです。それが「氏」の問題です。氏と、この父を決める親子関係だけは、「閣法」なのです。閣法というものは、法制審議会にかけて、中間試案を出して、パブリックコメントを出して、本会議、委員会付託、質疑となっていって、質疑に至るまでたいへん長い期間があるにも関わらず、なかなか国民が議論に参加することができません。そして最後はバタバタと、もう本当に1週間2週間というような形で決まっていくことになります。

　たとえば、議員立法並で成立した前例としては、1976年の婚氏続称というものがあります。離婚した後に前の家族、前の婚姻の時の氏をそのまま使えるという法律なのですが、これは戸籍で言うと、「二重氏」という形になります。

　離婚した後には婚姻前の氏に戻らなくてはいけません。たとえば私ですと、婚姻後の名前は井戸ですが、もともとは小形です。ですから離婚したら小形に戻らなければいけないのですが、井戸のままでいるとする、ということです。これは戸籍にはどのように書かれるかというと、戸籍では井戸とそのまま書かれているのです。しかし民法の規定では、井戸はあだ名で、小形という名前に戻らなければいけません。民法上は小形なのに、戸籍では井戸となっている、ということになります。

　私は、これはおかしいのではないか、民法ではどちらが本当の氏なのか、と法務省に確認してみたことがあります。そうしたら、「本当の氏は小形だ」とのことでした。「では戸籍に書かれているのは、あだ名か何かなのですか?」と重ねてたずねると、「あだ名です、その通りです」と法務省の方

に言われました。ということは、たとえば婚氏続称で、離婚した後に私がそのままの名前を使っていたとしたら、「井戸というのは、"井戸っち"とか"井戸ちゃん"とか、そういうあだ名が戸籍に書かれているということですか?」と聞いたら、「井戸っち、そのままだ」と言うのです。それほどまでに適当なものなのです。

結局、婚氏続称する場合に二重氏という状態が発生し、本来は小形なのに"井戸っち"となってしまっていることに対して、多くの法学者は、特に戸籍を専門にしている法学者の方たちはおかしいと主張しています。しかもそれについての議論も十分には尽くされていないことについて、法学者の谷口知平さんは、この改正が日本の婦人の地位向上に一歩を進めたものと考えてよいのか、あるいは日本女性の後進性をそのまま温存する結果を生じないか、ということをとても危惧されています。

実は、この婚氏続称ということが拙速にいろいろ決まってしまったが故に、二重氏の問題などが戸籍上出てくることになって、しかもそれが実は選択的夫婦別姓の問題に対しても大きな影響を与えているのですが、それに誰も気付かないのです。このような二重氏の問題や戸籍の編製というところまでは、なかなかいかないので。これについては、私は密かに1人で運動して、ここがおかしかったのだということを言い続けているのですが、戸籍の問題や氏の問題というものはとても複雑で、理解するまでにたいへんな時間がかかるものなのです。

V……戸籍という「タブー」を破るには

■必要なのは「声の公論化」「思いの社会化」

私は何だかんだ言いながらも、戸籍というものは、ある日突然なくなるかもしれないなという風に思ってもいます。というのは、無戸籍ということは、人としての尊厳を消してしまうということだからです。一方で日本政府は「世界に冠たる戸籍制度」などと、さんざん自分たちでは自慢して言っていますが、実は戸籍は万能でも何でもなく、登録制度としては非常に未

熟なものでしかありません。そのことを露わにしたものこそ、実は「無戸籍」の問題だと思っています。住民票やマイナンバー制度などが、どうしてできたのかと言ったら、戸籍がおかしい、戸籍が不十分なものだからなのです。戸籍制度というものは、もうとっくに立ち行かないものになっています。実質上は崩壊寸前です。にもかかわらず、どうして問題解決が進まないのでしょうか。やはり戸籍がタブーになってしまっているからです。差別を解消するためには、戸籍というタブーを破っていかなければいけません。

　戸籍の問題点や差別に敏感な議員とか、そういう人たちに任せてしまうだけではもう不十分です。問題に関心のない、鈍感な人たちに問題を投げかけていかなければいけません。そうして、社会運動を起こしていかなければいけないと思っています。社会運動に必要な資源というのは、モノと金と時間とネットワークとスキルの蓄積です。ただ、この戸籍という問題の時には、蓄積自体があったとしても、それがなかなかネットワークとしてはうまく回っていきません。回っていかないので、どうしても関心のある人たちの中だけで閉じてしまうことが多くなっています。声の公論化とか、思いの社会化というものをどうやって実現していくかということが、この戸籍のタブーを破っていくためには非常に大切だと思っています。

■戸籍についてより深く学ぶために

　私の本なども、いくつかお読みくださった方もいらっしゃるかと思います。そして遠藤先生の『戸籍と無戸籍』は絶対の必読書です。もう一つは、みなさんこの間は『犬神家』についてはやったのかしら？　やっていない？　遠藤先生がいらっしゃったら、この『犬神家』をぜひ取り上げてやってほしいと思います。「犬神家」というのはすごいんですよ。無戸籍あり、棄児あり、事実婚あり、妾あり、婚外子あり、養子あり、戦争あり、明治憲法あり、日本国憲法あり、こういうのを遠藤先生が本当にくそ真面目にですね。すごいんですよ。表とかにしているのです。学者さんだから。これが超笑えるんですよ。それを見ていたら、この日本の戸籍というものがいかにフィクショナルで、適当なものなのかがおわかりいただけます。

もう一つ、無戸籍のことに関して言うと、やはり戸籍法というものは見直していかなければいけない、ということで、下夷美幸さんという方なのですが、もし機会があったら、ぜひ下夷先生の講演もお聞きいただきたい。きっと理解が深まることと思います。書籍としては『日本の家族と戸籍』（東京大学出版会）というタイトルの本が刊行されています。戦前戦後の新聞に寄せられた数多くの「身の上相談」を分析することを通して、戸籍とは何なのか、戸籍がどうして夫婦と未婚の子を戸籍編製の単位としているのかということを分析したとても素晴らしい研究です。

　無戸籍の問題もそうですし、ほかも同様なのですが、「家族」というと、みなさんしばしば「民法」しか見ていません。ですが、大事なのは実は「戸籍法」なのです。例えば、戸籍法施行規則の第一章から第五章までですが、第一章の最初のところなどは、とても面白いと思います。ここで最初に書かれているのは「戸籍用紙」のことなのです。「日本産業規格Ｂ列四番の丈夫な紙を用い、附録第一号様式によって、これを調製しなければいけない。但し、美濃判の丈夫な用紙を用いることを妨げない。」これが戸籍法の第一章の第一条なのです。「は?」みたいな。どうしてこんな規則を作っているのだろうかと思ってしまいます。ですが、この戸籍簿というものは、届出に基づいて、日本人の国籍に関する事項と自分の出生などの重要な事項を記載し、戸籍法の13条、30条、34条、40条によって、戸籍法附録の第6号にひな形が示されていて、それがまた夫婦とその子ということで、ずっと続いているのです。結局、戦後に日本国憲法ができても、明治憲法下の家制度、あの大きな家という制度が、単に核家族化して「夫婦とその子」になっただけでしかなく、それがいまの日本社会の行き詰まりといったものをとてもよく表しているのではないかと思っています。

VI……おわりに

　最後にもう一言だけ言わせてください。実はいま、韓国のあるテレビ番組が巣鴨置き去り事件に注目しています。その韓国の番組というのは、世

界中のいろいろな課題を取り上げて、それをVTRにしたものを見て、この事件はどうして起こったのかということについて、韓国の論客のような人たちが何人かで話し合う、というものです。

　それで先日、この巣鴨置き去り事件について、私と是枝監督が取材を受けました。前回の梁・永山さんの講演では、韓国の戸籍制度が廃止されたことについてのお話があったと思います。その番組では、戸籍というものがどんなものなのか、どのように人に影響を与え、差別を作り出し、そして事件に至らせるのか、韓国には戸籍はもう制度自体がないのだけれども、日本ではまだこのように残っているのだということも含めて、特集をしたのです。

　私はこうした戸籍のありようというものは、単に自分の戸籍や登録制度の問題ということだけではなくて、やはり世界にはびこるさまざまな差別の問題と通底しているものだと思っています。ですから、そういった差別の問題に日本以外の国々はもう気がついて、そういう活動をしているわけです。発信をしているわけです。なので、こういった機会も通じて、やはりこの戸籍制度そのもの、そしてこの戸籍法、戸籍編製というところにも目を向けながら、何かしら社会問題として提起をしていくことを続けていきたいと思っています。ありがとうございました。

05

戸籍とマイナンバー制度
国は何を考えているのか

［講師］
遠藤正敬

I……「戸籍」と「マイナンバー」

　ご紹介に預かりました、遠藤正敬と申します。第2回に続きまして、今回は戸籍とマイナンバーの関係についてお話ししたいと思います。

　今回は「マイナンバー」がテーマですから、本来なら、住基ネットの反対運動から一貫して国民管理の問題について指摘されていた宮崎俊朗さん（共通番号いらないネット）が講師としてお話しすべきところですが、彼がどうしても都合が合わないということで、急きょ私が一人で担当することになりました。私はマイナンバーを専門としているわけではありませんが、戸籍とマイナンバーの関係について、私からできる限りのことをお話しして、最後の議論で実りある論点が出せればと思っています。

■戸籍による国民管理の限界

　まず、マイナンバーによる個人の管理についてです。国家による国民管理というものは、それぞれの国でさまざまにおこなわれていますが、日本

においては「戸籍」というものが国民管理の道具として明治以来、さらにさかのぼれば古代から存在していました。

戸籍は言うまでもなく家族を単位としています。しかも氏と一緒になった家族を単位として、国民を管理していくものです。しかし現代の国民管理のあり方としては、やはり個人を単位として管理していくほうが効率的だと言えるでしょう。そこで今後どのように国民管理をおこなっていくかという問題と絡めて、「マイナンバー」というものが浮上してきたのだと考えられます。つまり、日本政府も家族を単位とした管理よりも個人を単位とした管理のほうが効率的であり、実効性があると考えているからこそ、マイナンバー制度の実施にいたったのだろうということです。

■あらためて「戸籍」とは何か

では「戸籍」とは、つまるところ何なのでしょうか。これは改めて言うまでもありませんが、実は戸籍が管理している情報は、だいたいは住民票でこと足りるものでしかないのです。ただ、戸籍の中で特に重要なものは親族関係の確認です。本人の親、子どもから夫婦、あるいは養子、そういうものを含めて、親族に誰がいて、現に生きているのか、死んでいるのか、そういったことが戸籍によって確認されます。したがって、戸籍の情報が重要になってくるのは、やはり相続の場面です。

普段の生活の中で戸籍が必要になる場面はほとんどないと思うのですが、相続の場面以外で人生において戸籍が必要になるとしたら、それはパスポートをつくるとき、つまり国籍の確認が必要になる場合でしょう。戸籍には外国人は記載されず、日本人のみが載っています。ですから戸籍によって国籍を確認することができるのです。年齢ならば住民票でも確認できます。

私も今年の6月に父が亡くなり、現在、相続の手続きであたふたしているところなのですが、何かを相続するという場合には、やはり戸籍謄本の提出を求められるのです。今回、亡くなった本人が生まれてから死ぬまでの戸籍というものを取り寄せてみたら、実に膨大な量になりました。しかも父は昭和5年、戦前の生まれなので、17歳、つまり民法が改正される

1947年までは、家制度の時代の戸籍なのです。それを改めて見てみると、「あぁ、こうなっているのか」と、ずいぶん勉強になりました。それはともかく、相続のときには親族関係の確認のために戸籍が必要になり、重用されるということです。

　ただ戸籍が持つ欠点としては、顔写真がないことがあげられます。それゆえ戸籍は個人の識別には役に立ちません。みなさんもいろいろなところで本人確認のために身分証の提示を求められることがあると思うのですが、そのときに多く使われるのは、おそらく運転免許証でしょう。ほかには、住基カードを持っている方ならそれをお使いかも知れません。マイナンバーカードを持っている方はこの中にはいないと思いますが、いずれにせよ、個人識別では顔写真の有無が重要になってきます。これは意外かもしれませんが、2008年に戸籍法が改正されるまで役所への届出や戸籍関係の証明書を請求する際には、本人確認がおこなわれていませんでした。

　ちなみに住所に関しては「住民票」というものがあります。住所については、戸籍に附票というものがあって、これは戸籍に記載されている者の住所の異動を記録したものです。何度も引っ越しをされる方は附票にその都度、新しい住所が記載されて、その前の住所も記録されています。ですから、本籍から住所を検索できる、そういう仕組みになっています。

■戸籍の索引的機能

　「日本の戸籍は世界でも類まれな優秀な制度」だと言われます。これは法務省の官僚などがよく言うのです。そして戸籍の持っている「索引的機能」こそ、戸籍という制度が優秀な制度であるゆえんであると彼らは言います。

　戸籍というものは、たとえば結婚してそこから抜ける、養子縁組してそこから抜ける、あるいは亡くなってそこから消される、そういうことが続けられて、その戸籍に記載されている人がいなくなったときには、閉鎖されることになります。それが「除籍」です。除籍となったものをまとめたものは「除籍簿」といって、役所に管理されています。これも相続のときに必要となることが多いものです。今回、私の父の場合でも、除籍謄本が

何通も必要になりました。この除籍簿というものは、2010年から保存期間がそれまでの80年から150年に延長されています。150年というと3世代、4世代くらいの期間になりますから、相当に長い期間です。

そして戸籍というものは法改正などで様式がたびたび変わることがあります。大きなところでは、1948年の民法改正によって家制度から現在の戸籍制度に変わったときがそうです。改正されても改正前の古い戸籍はしっかり保存されます。それを「改製原戸籍」といい、これも150年保存されることになっています。したがって、現在の「戸籍」と「除籍簿」、それから「改製原戸籍」を駆使すれば、親族関係を100年以上さかのぼることも可能となります。こうしたことを指して、「戸籍の索引的機能」と言っているのです。

■マイナンバー制度・その前史

今日取り上げるマイナンバー制度は、日本国民が初めて経験する、国家による個人単位の情報管理システムである、と言うことができます。先ほども触れましたが、戸籍というものは家族単位で個人を管理するものです。戸籍では外国人を対象外にしているのですが、マイナンバーでは国籍を問いません。日本におけるすべての住民を個として把握しようとするものです。

このように、個人に番号を付けて把握する政府の計画というものは、実はかなり歴史の古いものです。最初の計画としては、「国民総背番号制度」というものがありました。いまから54年前の1968年、当時の佐藤栄作内閣が各省庁統一個人コード連絡研究会議を設置して進めようとしたものです。行政の効率化と国民へのサービス向上を目的として各省庁で統一の個人コードをつくり、それを利用して行政の連携を図るといった内容で、そのような番号制度の導入も検討されたのですが、このときは検討の段階で終わってしまいました。やはり、国民に番号を付けて個人を管理するということに、まだまだ抵抗が強かったわけです。

次に、それから10年ほど経ってから、今度は「納税者番号制度」というものが現れました。1978年、大蔵省の税制調査会が「昭和54年度の税制改正に関する答申」を出して、所得の適正な把握という目的のために納税者

番号を導入しようということを提言したのです。これはかなり具体的にまとまりまして、1984年、いまから38年前ですが、税制改正がおこなわれました。このときは、300万円以下の貯蓄に関しては非課税とするという「非課税貯蓄」の制度を利用して富裕層が口座を300万円以下のものに分割してしまうことを防止するために、本人確認用にグリーンカードというものの取得を義務付けるという計画でした。しかしこれについても、政府内のみならず企業などからもかなり強い反対が起こって頓挫しています。

　そして三番目が、記憶に新しい住民基本台帳ネットワークです。これも既存の住民基本台帳法を1999年に改正して、行政機関等に対する本人確認情報の提供や、市町村間で住民基本台帳事務の連携処理をおこなうということから、各市町村の住民基本台帳のネットワーク化を図るというものでした。取得は任意のものですが、本人確認用の住民基本台帳カードも発行されました。有効期間は10年です。実は私の母もこのカードを持っています。運転免許証を返納した後はこれを身分証がわりに使うという高齢者もちらほらいたようです。ただし、これについては2015年をもって新規交付・更新・再交付もすべて終了しており、2025年にはすべて廃止になります。

■マイナンバー制度の沿革と概要

　次に、だいたいのことはみなさんご存知だと思いますが、マイナンバー制度の沿革についてお話します。

　まず2013年5月、「行政手続きにおける特定の個人を識別するための番号の利用等に関する法律」、いわゆる「マイナンバー法」が成立しました。早いものでもう9年になります。そしてこれが2015年の10月に施行され、翌年の2016年1月から、社会保障・税番号制度、いわゆる「マイナンバー制度」の運用が開始されました。

　マイナンバー制度の仕組みについて、「釈迦に説法」とは思いますが、ここで改めて整理しておきます。

　住民基本台帳に収められている個人情報に基づいて、内外人を問わず、日本国内に住民票を有するすべての者に12ケタからなる一人一つの共通

番号、いわゆるマイナンバーを付与します。これは万人不動で、指紋と同じです。これによって行政サービスの信頼性、透明性、そして行政運営の効率化を高めるとともに、行政サービスにおける国民の利便性の向上を図る、ということが謳い文句とされています。

　これは国民にとっては便利なことであるのかもしれません。その反面、マイナンバーを通じて政府は個人の所得や社会保障の受給状況を把握することが可能になります。国民の利便性や効率の向上といったことよりも、おそらくはこちらが本質でしょう。最近は年金の不正受給といったことがずいぶん問題になっていますが、そういったものも是正して、納税の確保、社会保障給付の公正化を狙う、ということです。先ほど述べた納税者番号制度や国民総背番号制度の目的を引き継いで、請け負うものでもあるわけです。

　ちなみに、これは言うまでもないことですが、マイナンバーは住民票の情報に基づいて付与されるものなので、住民票がない者はマイナンバーの対象外となります。住民票と戸籍というものはリンクしていますから、戸籍をもたない天皇・皇族には住民票もありません。天皇・皇族は住民基本台帳法でも対象外とされていますので、マイナンバーもない、ということになります。とはいえ、おそらく彼らにとっては必要ないだろうとは思うのですが。ともかく、外国人にもマイナンバーはあるのですが、天皇家にはないのです。

■マイナンバーカード取得の「強制化」

　さて、「マイナンバーカード」というものが作られているわけですが、このカードの取得は義務ではないものの、身分証明として利用するために取得する人は徐々に増えているようです。若い人では、運転免許証を持っていないのでマイナンバーカードを作ったという人もいます。やはり無料で作ることができますから、そういった人も思いのほか多いようです。みなさんのところにもマイナンバーカードを作りましょうという国からの推奨のハガキや封書が来ているのではないでしょうか。私のところにも2、3回来ていますが、あれを発行するだけでもかなりの費用がかかっているはず

です。相当な無駄遣いをしていることになります。

　このマイナンバーカードの有効期間は、外国人と国民とで異なっています。日本人の場合、18歳以上は10回目の誕生日までが有効期間で、18歳未満は5回目の誕生日までです。やはり18歳未満だと成長によって顔もずいぶん変わってしまって、実際の顔と写真とで違いが生じてしまうかもしれないので、5回目の誕生日までという期間が設けられています。

　そして外国人に関しては、いわゆる在留外国人、つまり90日以上日本に滞在する中長期滞在者を対象として、有効期限はカードの発行日から在留期間の満了日までとされています。

　マイナンバーカードの交付数については、あまり伸びていないということが報道されていますが、2022年10月現在、総務省の発表によれば約6,438万枚が交付されているとのことです。人口の51.1%、やっと半分に達したというところです（その後、マイナンバーカードの交付数は2023年6月現在で約8,800万枚。これはマイナポイント付与による普及促進があったため：編集注）。

　都道府県別に見ると、各県で人口も違いますからあくまで参考にとどまりますが、宮崎県が一番多く、65.4%となっています。二番目が兵庫県で55.7%、三番目が奈良県で55.4%。西のほうで多い印象です。

　それで、このマイナンバーカードは全国民に交付するという見込みですから、もうすでに1億枚以上が発注済みになっています。そしていま言ったように、交付数が約6,438万枚ですから、3,000万枚以上が在庫になっているということです。最終的にこれがどこまで捌けるかはわかりませんが、それほど伸びていないということは確かです。そういったわけで、マイナンバーカード普及のために政府はマイナンバーカードを持ちましょうと国民にハガキや封書を送るだけでなく、国家公務員の身分証をマイナンバーカードと一体化させるということもしているわけです。これは2016年から使われています。

　そして2021年からはマイナンバーカードと健康保険証も一体化して、2024年、再来年からは運転免許証とも一体化を図ろうとしています。これは任意なのですが、任意だから自分は別にいいやと思っていたところ、今度政府は2024年から現行の健康保険証を廃止してマイナンバーカードを

保険証と一本化するとしています。ですから、結局はマイナンバーカード取得の強制です。マイナンバーカードを取得していない人の診療についてはどうなるのかというと、いまデジタル庁と厚生労働省が検討してほかの方法を考える、ということになっています。

II……マイナンバー制度を用いた
国民管理の徹底

■戸籍とマイナンバーの連携

　マイナンバー制度を実施するということは、裏を返せば、それまで日本において伝統的な国民管理システムとして維持されてきた戸籍制度というものがとうに実効的な機能を失っているということを示しています。ですから、マイナンバーでさらに管理を徹底しようという政府の認識を反映したものであろうと言えます。

　では、戸籍とマイナンバーとの連携における政府の狙いとは何でしょうか。政府はマイナンバーを戸籍事務にも導入して、その利用範囲を拡大する方向に向かっています。先ほども述べたように、行政の範囲内でマイナンバーの活用を目指すということで、法務省では戸籍事務とマイナンバーとの連携によって情報提供ネットワークというものを形成し、関係行政機関に戸籍情報を提供できる体制を整備して戸籍事務の効率化を図る、という方向性となっています。

　戸籍というものは長らく紙で運用されてきました。ですから、戦争のときや、あるいは災害のとき、たとえば関東大震災や東京大空襲、沖縄の地上戦、そして各地の空襲など、いろいろな災害や戦災で戸籍が焼失してしまって、行政が大きく混乱したという経験があります。記憶に新しいところでは東日本大震災がありました。

　そこで、紙から電子へということで、戸籍を電算化して、ネットワークとして管理していこうということになりました。電算化は1994年から開始されています。ただ、これも自治体によっては遅々として進まなかったと

ころもあって、2020年10月にようやく全国1,896の市区町村すべてで電算化が完了しました。ただ、電算化できない古い改製原戸籍や除籍簿などは画像データ化するにとどまりますので、マイナンバーとの紐づけは不可能だろうと考えられます。

　そして行政のデジタル化の一環として、戸籍情報をマイナンバーと連携させる計画があります。これについては2013年にマイナンバー法が成立したときから法務省が検討を開始していて、その後、全国知事会からも戸籍情報とマイナンバーとの連携について要望が上がりました。さらに2017年5月、「世界最先端IT国家創造宣言・官民データ活用推進基本計画について」が閣議決定され、その中で、マイナンバー制度を活用した住民票の写しや戸籍謄抄本等の提出不要化に向けた方策が取りまとめられ、必要な法整備が着手されています。このようにして戸籍事務へのマイナンバー制度の導入による戸籍情報連携システムというものが整備されているのですが、行政のデジタル化を目的として2019年5月にデジタル手続法が成立しています。これにともなって、行政のデジタル化を推進する個別施策がまとめられ、その土台としてまずマイナンバー法、住民基本台帳法、そして戸籍法も改正されました。

　このときの戸籍法の改正によって何が変わったかというと、戸籍に関する行政事務において、戸籍関係情報というものがつくられることになりました。戸籍には正本、副本というものがあって、正本は本籍地の役所で管理され、副本は法務局で管理されています。ですから、正本のバックアップが副本です。東日本大震災のときには宮城県のいくつかの自治体で正本が流出してしまいましたが、副本が残っていたので比較的スムーズに再生することができました。紙の時代では、空襲などで正本副本の両方が焼けてしまうと、とても厄介なことになるのです。これは有名な話ですが、東京や大阪などでは大空襲で正本副本の両方が焼けてしまって、戸籍の再生をしようというときに、結局は本人の申し立てによって再生がおこなわれたので、なりすましとか、あるいは朝鮮人などの戸籍のない人たちが自分は日本人だと偽りの申し立てで戸籍をつくったとか、そういった逸話もあります。

　それで、この副本というものを法務大臣が閲覧して、そこにある親子関

係、婚姻などの情報を戸籍関係情報として作成します。これが行政機関にある情報提供ネットワークです。このシステムを介して法務大臣からほかの行政機関に戸籍関係情報を提供するということです。戸籍関係の情報については、ほかの省庁からもいろいろと照会があった場合には情報を提供します。場合によっては警察機関などからの照会もあるかもしれません。ただ、戸籍関係情報の提供にあたっては、マイナンバーは直接利用しないと政府は発表しています。マイナンバーとは別に情報提供用の個人識別符号というものを発行して、それに基づいて情報を照会したものはこの個人識別符号を取得して、これを用いて戸籍関係情報を取得するという仕組みです。このあたりは、まだ政府の説明が詳しいところがないので、仕組みがわかりにくいところがあります。ともかく、このようなシステムが形成されることで戸籍事務における戸籍関係情報の連携が可能になると考えられています。

■戸籍のデジタル化に伴う変更点

なお、行政のデジタル化に関連して、戸籍における氏名には読み仮名を併記するよう戸籍法が改正される方向です。ご存じのように、戸籍には氏名を含めて読み仮名がありません。出生届や婚姻届には読み仮名を書く欄があるのですが、それは戸籍には反映されないので、戸籍には結局、いったいどう読むのかな?という名前が思いのほか多いわけです。最近のいわゆる「キラキラネーム」などは本当に「え?　これ何て読むの?」というものが多くて、私も職業柄大学生の名前を数多く目にしなければいけないので、本当に苦労させられています。これは余談ですが、これまでで一番驚かされた学生の名前としては、新しく生きる、「新生」と書いて、さてこれは何て読むのだろうと思っていると、「ダンテ」と読むのです。確かにダンテの作品に『新生』というものがありますが、これはすごい名前だなと思いました。そういったわけで、やはり漢字の一般的な音読み・訓読みだけでは読めない氏名が増えていますので、それを受けて読み仮名を併記するようになったわけです。

ほかには個人データの管理上、漢字よりも平仮名・片仮名が効率的だということになっています。最近では、新型コロナウイルスが流行して、個人に給付金を支給するときに、やはり名前による誤運用がかなり発生したようでした。同じ人に2回も給付金が振り込まれるようなことがあった、ということです。やはり読み仮名をきちんと、そしてはっきりと付けたほうが便利だろうということです。むしろいままでどうしてそれに気付かなかったのだろうと不思議ではありますが、これまではさほど大きな問題は生じなかったというだけなのかもしれません。住民基本台帳や銀行口座にはすでに読み仮名が併記されていますから、これで戸籍と紐づけもしやすくなるということなのでしょう。

　では、こういった戸籍とマイナンバーの連携による情報提供ネットワークが国民にとってどのような利点があるのかということについてですが、正直なところ、「おお、これは便利になったな」と驚くほどのことは特にありません。たとえば政府が挙げている例としては、婚姻や社会保障受給などの手続きがあります。その申請をおこなう際に家族関係等を確認する必要があった場合、本来なら戸籍謄本や戸籍抄本を提出しなければいけないという場合でも、マイナンバーを提示することでそれらの添付を省略できるということを言っています。私も今回の相続で父の戸籍謄本を取り寄せることとなりましたが、生まれてから死ぬまで、戸籍が除籍等を含めて全部で6通くらい必要になりました。しかも戸籍謄本というものは発行になかなかお金がかかるものなのです。普通の戸籍謄本が450円、除籍謄本と改製原戸籍だと750円です。それが6通です。しかも何度も必要になるかもしれないと思ったものですから、それを3回分くらい取りました。さらに、それを役所に請求するときには郵便小為替を発行してもらわなくてはならず、それが1通につき600円です。だから、ずいぶんとお金がかかりました。このような料金の問題はどうなるのかはわかりませんが、マイナンバーの提示によって戸籍謄抄本の添付が省略できるということは、これは便利といえば便利なことなのでしょう。

　それから従来の方式ならば、戸籍証明書は本籍地の役所に申請して、郵便で送られてくるので、取得におおむね1週間程度かかります。それがマ

イナンバーカードを使えば、全国のコンビニなどで取得できるようになるということです。私には兄弟がいるのですが、姉と兄はマイナンバーカードを持っているので、今回も戸籍証明書が必要なときにはマイナンバーカードで発行したと聞きました。ただ、私はアルバイトで証明書発行機などをメンテナンスする仕事をした経験があるのですが、機械は紙詰まりとか、お金を入れても紙が出てこないとか、やはりそういうことがどうしても起こるわけです。紙詰まりなどになった場合、詰まってしまった戸籍謄本はいったいどうなるのだろう、と思わずにはいられません。そういった個人情報管理の問題はどうしても気にかかります。

　先ほども言いましたが、政府はマイナンバーカードをなるべく広範に普及させたいということなので、マイナンバーの活用によってこんなにも便利になりますよというアピールを盛んにくり返しています。行政サービスの給付手続きが簡素化・迅速化されますよと、マイナンバーの利便性を強調しているわけです。

　ただ、こうしたデジタル化が進む一方で、法務省内の戸籍に関する研究会の審議について公開されている情報を見ても、せっかくマイナンバーと連携するのであれば戸籍制度をもっと使いやすいように、便利なように柔軟に改革しよう、といった積極的な議論が見られないことは残念です。この連続講座で取り上げてきた選択的夫婦別姓とか、同性婚とか、現実の中で多様化する家族との関係で、戸籍制度には変えるべきところがもっとあるのではないかと思います。それについて、政府内、法務省内でも真剣な議論がなかなか見られないこと、これは大きな問題です。

III……戸籍とマイナンバーの連携は
　　　いかなる意味を持つか?

　「戸籍」というものは紙によって運用される、家族を単位とした伝統的な管理システムです。一方「マイナンバー」というものは、電子データによって運用される、個人を単位とした現代的な管理システムで、両者は非常に

好対照です。現在は戸籍が電算化されたことでマイナンバーとの連携が可能になっているわけですが、この氷炭相容れざる両者を接合させることは、いかなる意味を持つのかを考えてみましょう。

■「デジタル化」がもたらすポジティブなイメージ効果

まず一つはイメージ的な効果です。戸籍は家の登録簿として伝統的に続いてきましたが、やはり「紙」で見る資料だという印象がとても強いものです。現在の戸籍は横書きになっています。しかし、これは世代にもよりますが、だいたいの方は縦書きの戸籍が強く印象に残っているのではないでしょうか。マイナンバーは、非常に今日的な、科学最先端の時代ならではの制度ですが、戸籍というものは結局、必要になったときに本籍地の役所に連絡して取り寄せるといった古めかしいものです。何通にもなって、かなりかさばります。とにかく「面倒」で「不便」、こういった印象が真っ先に出てくるのですが、これがマイナンバーという現代的なシステムと連携することで、「簡便」や「効率化」といったプラスの、ポジティブなイメージを付与することができるかもしれません。このような効果への期待はあると考えられます。

■マイナンバーと家的価値観の統合がもたらすもの

次に二つ目の効果として期待できるものは、精神的な効果です。マイナンバー制度による行政事務の効率性や迅速性ということについては、それが高度なものになればなるほど、「管理されているのだ」という感覚を人びとにもたらし、機械的な、非常に冷たい、冷血なイメージを呼びおこします。マイナンバーに反対する人の多くは、国家による管理がどこまで個人の領域に踏み込んでいいものなのか、というところで抵抗を覚えるわけです。マイナンバーカードにしても、やはり持っていたら便利かもしれないけれども、万一紛失してしまったとしたら、そのカードにはやはりマイナンバーが表示されているわけですから、これはかなりの個人情報の流出に

つながりかねない危険があるわけです。そういったマイナンバーに対する人心の嫌悪感や不安といったものをどのように払拭していけばいいのか、それが政府の考えるところです。

　一方で「戸籍」は、やはり単なる身分管理ではなく、従来から個人の内面に働きかけてきた、いわゆる精神的な管理というものを請け負ってきた制度です。そこが日本の戸籍と外国のさまざまな身分登録との大きな相違点でもあります。

　そして戦前の日本には家制度がありました。個人は、生まれたら必ず一つの家に属して、一つの氏を名乗り、一つの戸籍に登録されることになります。そして戸籍というものは、「家」という価値のもとで個人を序列化するわけです。長男、長女、次女、次男といった続柄による家族の序列化がおこなわれます。いまではもはや何の意味もないものとなっているにもかかわらず、これはいまだに残っています。このように、家という価値のもとで個人を秩序化するという役割が戸籍にはありました。それに加えて、嫡出子と婚外子という差別もあったのです。

　さらに言うと、先ほども言ったように、戸籍には天皇・皇族は載らないわけですから、戸籍に載っている者はすなわち「臣民」なのです。つまり、戸籍は「臣民簿」という意味も持っていました。これは現在も変わるところはありません。いま、憲法上は「臣民」から「国民」へと呼び名は変わっていますが、天皇・皇族が載らない戸籍に管理されている、臣民簿に管理されているという点では、まったく変わっていないわけです。このような「家」への登録、「臣民簿」としての戸籍というものがもたらす道徳観念と国家意識が確実に存在しています。

　では、このように人間の精神の管理を担ってきた戸籍というものがマイナンバーと連携されることで、どのような効果が期待されているのでしょうか。先ほどマイナンバーには機械的な冷血さが感じられると言いましたが、他方で「戸籍」というものは、いまでも「祖先とのつながり」とか、由緒ある名家や旧家であれば、我が家はこんなにも由緒正しい家なのだと家柄に誇りを持つ、そういった感覚や感情とつながっています。つまり、「家」というものに基づく、よく言えば「安らぎ」の感覚です。その感覚は心の

癒しをもたらします。それを感じる人は決して少なくありません。たとえば選択的夫婦別姓に反対する人は、姓、氏というのは家名だから、我が家の名前だから、自分の息子にはこの姓をどうか絶対に継いでほしい、そしてどうか代々継いでほしいと願うわけです。戸籍の持つこうした感情に訴える力をマイナンバーと結びつけることによって、マイナンバーのもたらす冷たいイメージを和らげる効果を期待しているのではないでしょうか。

　しかし現実的なことを考えると、戸籍というものは私たちの日常的な生活とは切実な関係を持ちません。繰り返しになりますが、先ほども示した政府の統計によると、国民の中で戸籍が必要となった場面はいままであったかという質問に対して、一番多かった回答はやはり相続の場面なのです。そして相続が問題になる人というのは、どちらかというと、若い人よりは中高年以上になることが多く、あとはせいぜいパスポートの発行や社会保障の手続きの場合くらいでしょう。私たちは現実の生活の中で戸籍というものと切実な関係を持つことはほとんどないのです。私も大学の授業でたまに戸籍の話をするのですが、学生のほとんどが戸籍と住民票の違いもわからない、それだけ戸籍が日常生活において必要となる場面はないのだという証拠です。

　結局、血縁の証明、家の系譜、祖霊崇拝、そういった精神的な部分での名誉意識や自己満足感を戸籍に見出す人にとっては、戸籍はあったほうがありがたく感じられるのでしょう。家の観念に拠って立つ安らぎをともなう「戸籍」が、科学技術による個人の徹底した管理という非人間的なイメージを伴うマイナンバー制度と結び付けられることで、後者に対する国民の心理的距離感が縮まる、これは深読みのしすぎかもしれませんが、そういう狙いもあるのではないかと考えています。

　ですから、それと関連して、選択的夫婦別姓や同性婚といったものを認めてしまうと、戸籍制度が解体されてしまう、戸籍制度が破壊されてしまう、伝統的な家族制度が崩壊してしまう、そういった反対の声が上がるのですが、では、そう主張する人たちに戸籍というのは一体何の役に立つの？と訊ねたら、どれほど満足できる答えが返ってくるでしょうか。おそらく、あまり期待はできません。結局、既存の制度をただやみくもに維持しよう

とすることで何らかの安心感を得ているだけのように思えます。ですから、やはり茫洋とした「家」の観念というものがいまの「戸籍」を支えているのではないでしょうか。

IV……**おわりに**──マイナンバー制度へのいくつかの懸念

■マイナンバーの司法警察事務への活用への危惧

さて、マイナンバーというものは今後ますます活用の範囲が広がっていくわけですが、そのような状況の中でもっとも心配されることは、現在は行政事務の範囲内で使われているマイナンバーが、司法警察事務の範囲に拡大されるとどうなるか、ということです。戸籍に基づく警察事務の制度として、本籍地には犯罪人名簿というものがあります。「犯歴簿」など、いろいろな言い方をしますが、犯罪人名簿というものが整備されているのです。これは前科を持つ者の本籍地を管轄する検察庁から、前科のある人間についての通知が各市区町村に送られて、「犯罪人名簿」として本籍地に保管されるというものです。これは、いまはおそらく電算化されているはずです。そしてマイナンバーと戸籍が紐づけされるとなると、戸籍には本籍も載っていて、本籍と犯罪人名簿はリンクしていますから、マイナンバーを活用することで前科者の情報を照会するとか、個人の犯歴を調べるとか、そういう場合に使えるようになるかもしれない、ということです。そういった司法事務、警察事務への範囲拡大ということが今後予測されるし、それはやはり問題になるだろうと思われます。

■日本人は「個」として国家に向き合うことができるか?

このように戸籍情報まで包括したマイナンバーによる国民管理体制が本格化していくと考えられるわけですが、先ほども述べたように、日本の国民というのは従来、個人を単位とした国民管理というものを体験したことがありません。欧米では個人単位で出生や婚姻や死亡を管理するというシ

ステムですが、それとは対照的に、日本では家族単位で個人情報を管理してきたのです。したがって、このマイナンバーというものが、国民が個として管理される初めての体験となるのです。国家に個として向き合う、ということです。これも従来から言われているように、これまでは共同体意識、集団意識というか、個というよりも共同体として生きている、そういう意識が国民には強かったわけですが、これからは個として国家に向き合うという、新たな緊張感に覚醒せざるを得なくなるのではないでしょうか。

■日本人の「戸籍意識」はどこへ向かうのか

「戸籍」に管理されることを自然なことと考えてきた国民の意識、それが「戸籍意識」です。戸籍というものは普段の生活では使うことはないのだけれども、戸籍があることで日本が成り立っている、戸籍がなくなったら日本国家は崩壊する、などと考えてしまう意識であるとも言えます。この講座でも「無戸籍」の話が出たわけですが、戸籍がないとあれもできない、これもできない、人間らしい真っ当な生活ができない、そのように思い込んでいる意識でもあります。実際、たとえ戸籍がなくても、住民票があればだいたいのことは可能です。選挙や社会保障、学校に通うこと、それもほとんどできます。それなのに、戸籍がないとそういったあたりまえの社会生活を送ることができないと思い込んでしまっている。「戸籍があることが正しい国民の姿だ」と考えてしまうような意識であるとも言えるでしょう。

　マイナンバーと連携することで、こういった戸籍意識が解体されるのか、逆にそれが強まって再生産されるのか、それが、今後私たちが見据えていくべきところではないでしょうか。現実に動いている制度なので、来年、再来年と、マイナンバーのいろいろな行政事務への活用が次々と拡大されていくことでしょう。戸籍というものは、個人情報の源です。しかも家族情報、親族情報、そして人によっては、そこに書かれていることが深い心の苦痛になり、差別さえ生み出しかねない情報の源でもあります。そのような戸籍がマイナンバーと連携することでどのような方向に向かうのか、今後も注視していかなければいけないと考えています。

［著者紹介］

二宮周平 ［第1回講師］

1951年生まれ。立命館大学名誉教授、法学博士、日本学術会議連携会員。専門は家族法。家族の多様化と個人の尊厳に関する研究を続ける。著書として『新版 戸籍と人権』（解放出版社、2006年）、『多様化する家族と法I、II』（朝陽会、2019年、2020年）等。

遠藤正敬 ［第2回・第6回講師］

早稲田大学大学院政治学研究科博士課程修了。博士（政治学）。専攻は政治学。現在、早稲田大学台湾研究所非常勤次席研究員。早稲田大学、宇都宮大学等で非常勤講師。主な著書に『戸籍と無戸籍――「日本人」の輪郭』（人文書院、2017年）など。

梁・永山聡子 ［第3回講師］
（ヤン・ナガヤマサトコチョンジャ）

在日朝鮮人3世。成城大学グローカル研究センター研究機構、ふぇみ・ゼミ＆カフェ、在日本朝鮮人人権協会性差別撤廃部会、1923関東朝鮮人虐殺を記憶する行動などで活動。専門は、社会学、朝鮮半島の歴史と社会運動について、ポストコロニアル社会における植民地主義残滓のフェミニズムの視点で研究を行っている。

井戸まさえ ［第4回講師］

東洋経済新報社記者を経て、経済ジャーナリストとして独立。元兵庫県議会議員。元衆議院議員。NPO法人「親子法改正研究会」代表理事。「民法772条による無戸籍児家族の会」代表として無戸籍問題、特別養子縁組など、法の狭間に苦しむ人々の支援を行っている。著書『無戸籍の日本人』（集英社、2016年）など。

現代世界と人権27
「戸籍」──人権の視点から考える

2023年11月1日　初版第一刷発行

編集・発行　反差別国際運動（IMADR）
〒104-0042　東京都中央区入船1-7-1
松本治一郎記念会館6階
Tel: 03-6280-3101／Fax: 03-6280-3102
E-mail: imadr@imadr.org
Website: https://imadr.net

発売元　株式会社解放出版社
〒552-0001　大阪府大阪市港区波除4-1-37
HRCビル3F
Tel: 06-6581-8542／Fax: 06-6581-8552
Website: https://www.kaihou-s.com
東京事務所
〒113-0033　東京都文京区本郷1-28-36
鳳明ビル102A
Tel: 03-5213-4771／Fax: 03-5213-4777

印刷・製本　モリモト印刷株式会社

ISBN978-4-7592-6474-6　C0336
定価は表紙に表示しています。
落丁・乱丁はお取り替えいたします。

『現代世界と人権』シリーズ

（A5判／とくに表示のないものは、定価1,800〜2,000円＋税／在庫があるもののみ表示）

7　国際社会における共生と寛容を求めて

マイノリティ研究の第一人者パトリック・ソーンベリーさんの国連「マイノリティ権利宣言」採択後にまとめたレポートを翻訳紹介。あわせて「宗教に基づく不寛容と差別を考える集会」の概要も紹介。　　　　　　　　　　　　　　　　　（1995年）

13　世紀の変わり目における差別と人種主義

2001年の「反人種主義・差別撤廃世界会議」に向けて、世界の差別の実態を明らかにし、グローバリゼーションがマイノリティの人権におよぼす影響とそれに対する闘いについてさぐる。　　　　　　　　　　　　　　　　　　　　　　（1999年）

15　国連から見た日本の人種差別
—— 人種差別撤廃委員会審査第1・2回日本政府報告書審査の全記録とNGOの取り組み

2001年3月にジュネーブで行なわれた人種差別撤廃条約の日本政府報告書初審査の全審議録、政府追加回答文書、人種差別撤廃委員会最終所見、同解説を全収録。審査に向けた政府報告書、NGOレポート、審査事前事後のNGOの取り組みを含め、さまざまな関連情報を掲載。　　　　　　　　　　　（2001年／定価2,600円＋税）

17　マイノリティ女性の視点を政策に！社会に！
—— 女性差別撤廃委員会日本報告書審査を通して

欠落していたマイノリティ女性の視点と政策は、女性差別撤廃委員会日本報告書審査を通して、重要課題となった。審査を活用したマイノリティ女性の取り組み・主張、マイノリティ女性に対する複合差別が国際舞台でどう扱われてきたかなど重要資料20点所収。　　　　　　　　　　　　　　　　（2003年／定価2,200円＋税）

18　人権侵害救済法・国内人権機関の設置をもとめて

「人権侵害救済法」（仮称）法案要綱・試案および同補強案の背景にある視点や取り組みの経緯、地方自治体の取り組みや国際的な情勢などを紹介。関連文書や国内外の動向を含む資料も豊富に掲載。　　　　　　　　　　　　　　　　（2004年）

19　グローバル化の中の人身売買 —— その撤廃に向けて

「人身売買の被害者の人権」という視点から、問題解決につながる道筋をつけるべく編

集された1冊。人身売買を生み出す原因や、日本における実態、現在の法的、行政的制度・計画の問題点、人身売買撤廃と被害者の救済・保護についての論考や豊富な資料を掲載。 (2005年)

20 「周縁化」「不可視化」を乗り越えて
—— 人種主義・人種差別等に関する国連特別報告者の日本公式訪問報告書を受けて

国連の人種主義・人種差別等に関する国連特別報告者の日本公式訪問報告書を受け、日本における人種差別を社会的・歴史的背景をふまえて再考することを試みた一冊。人種差別に関する世界的情勢に加え、国内の当事者による主張や国連機関による分析・評価などを収録。 (2006年)

21 立ち上がりつながるマイノリティ女性
—— アイヌ女性・部落女性・在日朝鮮人女性によるアンケート調査報告と提言

3者が自分たちが抱える問題解決にむけて、教育・仕事・社会福祉・健康・暴力の分野で共通設問を設定し、はじめての調査を実施。その報告と提言のほか、女性たちの声も収録。 (2007年／定価2,200円＋税)

22 国連と日本の人権 —— NGOから見た普遍的定期審査

国連人権理事会に新設された「普遍的定期審査」(UPR)制度のもとで、日本の人権状況が初めて審査された。NGOの視点からこの制度を分析し、審査の流れを追い、その過程へのNGOの効果的なかかわりのあり方を探る。 (2009年)

23 先住民族アイヌの権利確立に向けて

日本政府は2008年、アイヌ民族を日本の先住民族と認め、アイヌ政策に関する有識者懇談会を設置、翌年7月に報告書が提出された。権利回復運動の現場から寄せられた論考に加え、国連宣言、国連人権文書におけるアイヌ民族に関する記述の抜粋、重要な関連法、上記懇談会の報告書全文を収録。 (2009年)

24 今、問われる日本の人種差別撤廃 —— 国連審査とNGOの取り組み

2010年2月、人種差別撤廃委員会が行なった日本報告書の審査の全容を収録。とくに委員会の質問と日本政府代表の答弁からなる6時間の審議録は、国際人権基準について国連と日本政府の見解の相違を浮き彫りにしている。(2010年／定価2,300円＋税)

25 レイシズム ヘイト・スピーチと闘う
—— 2014年人種差別撤廃委員会の日本審査とNGOの取り組み

2014年人種差別撤廃委員会による日本審査の記録本。審査会場でのNGOの取り組み、2日間に及ぶ委員会と日本政府のやりとり、審査に関わった人種差別撤廃NGOネットワークのメンバーによる勧告の読み解きと提言などが満載。さらに、元CERD委員の

ソーンベリー教授による特別寄稿が続きます。国連は日本のレイシズムをどう見ているのか、必見の一冊。 （2015年／定価2,000円＋税）

26　人種差別に終止符を。── 2018年国連の日本審査とNGOの取り組み

2018年人種差別撤廃委員会による日本審査の記録本。NGOが提出したレポートのすべて、2日間にわたる委員会と日本政府の対話、審査に関わったNGOメンバーによる勧告の読み解きなどが満載。さらに、元CERD委員のアナスタシア・クリックリーさんによる特別寄稿も。 （2019年／定価2,000円＋税）

『IMADRブックレット』シリーズ
(とくに表示のないものはA5判／定価1,000円＋税／在庫があるもののみ表示)

1　人種差別撤廃条約と反差別の闘い

人種差別撤廃条約の制定の背景、内容、意義について、また日本の現状にとっての意義を部落、在日韓国・朝鮮人、アイヌ民族、移住労働者の立場から説明した内容。

（1995年）

5　アメリカの人権のまちづくり── 地域住民のチャレンジ

地域レベルにおけるマイノリティをはじめとした人びとに対する人権擁護政策を推進させるため、米国のNGO／NPOと行政ならびに企業がどのようなパートナーシップを形成し、「人権のまちづくり」を推進しているか、その取り組みを紹介。 （2000年）

9　マイノリティの権利とは── 日本における多文化共生社会の実現にむけて

日本におけるマイノリティの声や、マイノリティとマジョリティが共に生きる日本社会を考える人権活動家・研究者による座談会録などを掲載。資料編では国連のマイノリティ権利宣言やその逐条解説などを収録。 （2004年）

10　「国際テロ・国際組織犯罪」対策とマイノリティの「不安全」
── 日本・韓国・フィリピンの経験から

「テロとの戦い」「国際犯罪組織の撲滅」のかけ声のもと、治安強化と監視の波が世界規模で広がっている。そのようななか、マジョリティ市民の安全を守る名目で、マイノリティが平和的に安全に生活する権利が脅かされている。この構造を克服し、マイノリティとマジョリティ市民が連帯して共通の安全を求めていくために何をすべきか。本書はその答えを探ろうとすべく刊行する、日本・韓国・フィリピン3カ国の国際比較研究である。 （2006年）

12　講座　人身売買 ── さまざまな実態と解決への道筋

人身売買を生み出す構造と現実に迫るべく、最前線で活躍する講師陣による連続講座をまとめた一書。国際斡旋結婚、外国人研修制度、看護士・介護福祉士受け入れの現実にも切り込み、日本社会とのつながり、問題解決にむけての道筋をさぐる。キーワード解説や講師お勧め書籍収録。　　　　　　　　　　（2007年／定価1,200円＋税）

13　スリランカの内戦と人権

二十数年続く民族紛争がマイノリティの人権に重大な影響を及ぼしてきたスリランカ。その現実を知り、屈指の援助国・日本の政府と市民の役割を考えるための書。現地からの書き下ろし原稿や最新の資料も収録、図表や写真も多数。　　　　　（2008年）

14　平和は人権 ── 普遍的実現を目指して

「平和への権利」とは何か？国際市民社会で「平和への権利」についての議論に関わってきた4人の研究者と、人権、差別の諸問題に取り組む活動家による論考は、「平和への権利」について、そして平和に生きる権利の実現を妨げるものは何かについて考える糸口を提示する。　　　　　　　　　　　　　　　（2011年／定価1,200円＋税）

15　企業と人権　インド・日本　平等な機会のために

経済成長と民営化により民間部門が急速に拡大したインドにおけるダリットの経済的権利の確立と包摂に向けた課題と、民間部門における積極的差別是正政策の可能性について、ダリットの活動家と研究者が考察を行なう。　　（2012年／定価1,200円＋税）

16　日本と沖縄　常識をこえて公正な社会を創るために

日本と沖縄。なんでこんなに遠いのか。歴史をひもとき、世界の潮流にふれ「常識」の枠をこえて公正な社会創りへの道を問う。沖縄からの声に対する本土からの応答も試み、国連が沖縄に関して言及している資料も掲載。　　（2016年／定価1,000円＋税）

17　サプライチェーンにおける人権への挑戦

ビジネスの世界においてグローバル化が進む中、インドでは労働者の権利が守られないまま女性や子どもが労働力として搾取されています。サプライチェーンにおいてこのような人権侵害が起こることを防ぐ視点は企業だけではなく、消費者である私たちにも求められています。　　　　　　　　　　　　　（2017年／定価1,000円＋税）

19　AIと差別

未だ解決をみない人種差別の問題にとって、AIとはどのような存在になるのか？それを学ぶための第一歩として作成した。古くて新しい「差別」と「AI」がどうつながるのか、本書がそれを知る手がかりになればうれしい。　　（2020年／定価1,000円＋税）

20 現代的形態の奴隷制——存続し変化する21世紀の人権問題

世界には奴隷状態のもと働いている人が4,000万人いると言われている。現代のグローバル経済は、これら労働者の犠牲なくしては立ち行かない。また2020年から続いたコロナ禍は、現代奴隷の被害者に深刻な影響をもたらした。この重大な人権問題をテーマとして開催した第30回ヒューマンライツセミナーにおける報告をまとめた。

（2022年／定価800円＋税）

その他の出版物

ナチス体制下におけるスィンティとロマの大量虐殺
—— アウシュヴィッツ国立博物館常設展示カタログ・日本語版

第2次世界大戦下におけるナチス・ドイツによる「ホロコースト」は、ユダヤ人だけではなく、スィンティやロマと呼ばれている人びとも、アウシュヴィッツをはじめとした強制収容所で50万人以上が虐殺された。ポーランドのアウシュヴィッツ国立博物館常設展示されている「ナチス体制下におけるスィンティとロマの大虐殺」の展示物日本語版カタログとして刊行した書。

（2010年／定価4,000円＋税）

［お問合せ］
反差別国際運動（IMADR）
〒104-0042 東京都中央区入船1-7-1 松本治一郎記念会館6階
Tel: 03-6280-3101／Fax: 03-6280-3102　E-mail: imadr@imadr.org（会員割引有）

［お申し込み］
同上、または
（株）解放出版社　Tel: 06-6581-8542／Fax: 06-6581-8552
東京営業所　Tel: 03-5213-4771／Fax: 03-5213-4777

反差別国際運動(IMADR)に参加しませんか?

❀ IMADR とは

反差別国際運動(IMADR)は、部落解放同盟の呼びかけにより、国内外の被差別団体や個人、国連の専門家などによって、1988年に設立された国際人権NGOです。1993年には、日本に基盤を持つ人権NGOとして初めて国連との協議資格を取得しました。スイスのジュネーブにも事務所を設置し、マイノリティの声を国連に届け、提言活動に力を入れています。

❀ IMADR の活動内容

IMADRは、以下の活動テーマへの取り組みを通じて、差別と人種主義、それらとジェンダー差別が交差する複合差別の撤廃をめざしています。

- 部落差別・カースト差別の撤廃
- ヘイトスピーチを含む移住者に対する差別の撤廃
- 先住民族の権利確立
- マイノリティの権利確立
- マイノリティ女性と複合差別の問題
- 国際的な人権保障制度の発展とマイノリティによる活用の促進
- ビジネスと人権

草の根レベルで「立ち上がる」

差別をされてきた当事者がみずから立ち上がり、互いにつながることが、差別をなくすための第一歩です。

「理解」を深める

差別と人種主義は、被差別マイノリティのみの課題ではなく、社会全体の課題です。

「行動」につながる調査・研究

効果的な活動のためには、調査・研究が大切です。

情報と経験の「共有」

さまざまな立場・現場にいる人びとが情報と経験を共有することが、変化をもたらす源になります。

よりよい「仕組み」や「政策」を求めて

差別の被害者を救済し、奪われた権利を取り戻し、差別や人種主義を防ぐためには、政治的意志と適切な法制度が不可欠です。

❀ 大切にしている視点

EMPOWERMENT—立ち上がり 被差別の当事者が、差別をなくすためにみずから立ち上がり活動すること。

SOLIDARITY—つながり 被差別の当事者が連携・連帯すること。

ADVOCACY—基準・仕組みづくり 被差別の当事者の声と力によって、差別と人種主義の撤廃のための仕組みが強化され、それらが被差別の当事者によって効果的に活用されること。

❀ IMADR の活動に参加しませんか?

活動に参加する

IMADRが発信する情報を入手したり(ニュースレターや出版物の購入、メールマガジンへの登録など)、それを周囲の人びとに紹介したり、さまざまなイベントやキャンペーン、提言活動に参加するなど、いろいろな方法で活動に参加できます。

活動を支える

IMADRの活動は、多くの個人・団体の皆さまからの賛助会費と寄付によって支えられています。ご入会頂いた方には、ニュースレター「IMADR通信」(年4回発行)や総会の議案書、IMADR発行の書籍(A会員と団体会員のみ)をお届けします。詳細は、ウェブサイト(www.imadr.net)をご覧頂くかIMADR事務局までお問い合わせください。

IMADR 年会費		振込先
個人賛助会員A	¥10,000	郵便振替口座 00910-5-99410
個人賛助会員B	¥5,000	加入者名 反差別国際運動
団体賛助会員	¥30,000	

活動をつくる

さまざまな活動づくりに関わるボランティアを募集しています。ボランティアの活動内容は、文書・記録・展示物などの作成や、各企画のための翻訳、主催イベントの運営、特定の活動の推進メンバーになるなど、さまざまです。関心のある方は、IMADR事務局までお問い合わせください。

I'MADR

反差別国際運動 (IMADR)
The International Movement Against All Forms of Discrimination and Racism
〒 104-0042 東京都中央区入船 1-7-1 松本治一郎記念会館 6 階
Tel: 03-6280-3101 Fax: 03-6280-3102 Email: imadr@imadr.org